DOCUMENTS HISTORIQUES INÉDITS SUR LE DAUPHINÉ

DIXIÈME LIVRAISON

CORRESPONDANCE POLITIQUE ET LITTÉRAIRE DU MARQUIS DE VALBONNAIS

PRÉSIDENT DE LA CHAMBRE DES COMPTES
ET HISTORIEN DU DAUPHINÉ

PUBLIÉE ET ANNOTÉE

PAR

C.-U.-J. CHEVALIER

Prêtre, Correspondant du Ministère de l'Instruction publique
Officier d'Académie

GRENOBLE
Librairie du Dauphiné
XAVIER DREVET, ÉDITEUR
Libraire de l'Académie
44, Rue Lafayette, 44
MDCCCLXXII

Extrait du journal *Le Dauphiné*.

Tiré à 300 exemplaires
dont 100 sur papier fort.

414-4-72. — Grenoble, impr. de Prudhomme. — T.

Dans ses recherches à la bibliothèque du roi (style du temps), Jules OLLIVIER *découvrit une série de lettres autographes de notre historien dauphinois* VALBONNAIS, *la plupart adressées au président Bouhier*[1]. *Persuadé que cette correspondance d'un écrivain dont, au dire de son panégyriste de Boze*[2], « *le seul com-* » *merce littéraire qu'il entretenait avec les principaux* » *savants de l'Europe eût été capable de distinguer* » *un homme de lettres ordinaire*[3] », *méritait de voir le jour, il la publia en* 1838 *dans ses* Mélanges biographiques et bibliographiques relatifs à l'histoire littéraire du Dauphiné, *avec une notice historique sur l'auteur et des notes*[4].

Nous n'aurions point songé à faire des deux lettres inédites de Valbonnais que renfermait encore le ms. 589 *de la bibliothèque publique de Lyon*[5], *l'objet d'une publication séparée, si la bienveillante sympathie de M. Amédée de Bouffier n'avait mis entre nos mains une précieuse collection de soixante et une lettres également inédites, émanées soit de Valbonnais, soit de ses correspondants, qui se trouvent transcrites en tête d'un registre in-4° destiné à recevoir la copie des lettres écrites au président historien et la minute de ses réponses. Cette correspondance embrasse une période d'un peu plus d'une année : du* 7 *janvier* 1729 *au* 6 *mars* 1730, *c'est-à-dire la dernière de Valbonnais, qui avait terminé son existence quatre jours avant, à l'âge de* 79 *ans. Le registre qui la renferme en fait supposer d'autres antérieurs, dont il nous a été impossible de retrouver la trace, non moins que du vo-*

lume complémentaire de l'Histoire de Dauphiné *dont le manuscrit devait être confié à une imprimerie genevoise*[6].

Ainsi restreinte, la publication des soixante et deux lettres qui suivent servira de complément à celle de J. Ollivier, en offrant au lecteur un intérêt plus varié. La position sociale très-diverse des correspondants dont elles émanent ou auxquels elles sont adressées en varie singulièrement le ton : au milieu de compliments à l'occasion du renouvellement de l'année et de félicitations sur d'heureux succès, on y trouvera des lettres d'affaires de famille, d'autres de politique, relatives principalement à la Chambre des comptes de Dauphiné dont Valbonnais était le chef; d'insignifiantes questions de préséance, qui mettaient toute la Cour en mouvement, y sont traitées avec le plus grand sérieux. Les autres, et c'est le plus grand nombre, roulent sur des sujets littéraires et donnent les détails les plus précis sur les derniers travaux de Valbonnais, que sa mort interrompit au grand détriment de l'histoire de notre province. Le style n'en est point dépourvu de charme : sans viser à la postérité, Valbonnais soignait sa correspondance par l'honneur qu'il y recherchait et qu'il en ressentait.

(1) Voir plus loin la note 1, p. 26-7. — (2) Voir la note 9, p. 17.

(3) *Mém. de l'Acad. des Inscr. et Belles-lettres*, t. VII, p. 434.

(4) T. I, p. 295-441. Cette *Correspondance littéraire* comprend dix-sept lettres de Valbonnais, dont 15 au président Bouhier, 1 à l'abbé Tricaud et 1 à l'Acad. des Inscr. et Belles-Lettres ; plus, deux réponses de Bouhier et la lettre par laquelle Bailly fait part à de Boze de la mort de Valbonnais. Elle a été publiée à part en 1839 (Valence, Borel ; in-8° de VI-CLI pp.); la notice seule a été reproduite la même année dans la *Revue du Dauphiné* (t. V, p. 193-220).

(5) Ce ms. (olim n° 694 : DELANDINE, *Catal.*, I, 454) contient trois lettres de Valbonnais : f° 40, au président Bouhier (copie), impr. par J. OLLIVIER sous le n° V ; f° 41, à l'abbé Tricaud (autogr.), n° I ci-après ; f° 42, au cardinal Passionei (copie), n° XXV ci-après.

(6) Voir les lettres XL, XLV, LIV, LV, LVIII et LIX.

CORRESPONDANCE

POLITIQUE ET LITTÉRAIRE

DE VALBONNAIS

I.

Lettre de Valbonnais à l'abbé Tricaud (¹).

A Domène près Grenoble, le 22 octobre 1727.

Je viens de recevoir, Monsieur, le dernier paquet que vous m'envoyez par les Chartreux, où était une lettre de M. le Nonce (²) et la petite brochure dont vous me faites présent. Je vous en remercie; mais, si vous voulez bien me permettre d'user avec liberté de toutes les douceurs de notre commerce, souffrez que nous en retranchions les termes et les formes qui semblent bannir l'amitié et la cordialité que je cherche d'établir entre nous. Je viens d'écrire à M. le Nonce de Lucerne par la voie du résident de Genève, à qui j'adresse ma lettre. Je lui propose ce que je vous ai mandé sur la manière de régler un commerce plus sûr et plus fixe par les libraires de Genève, qui recevraient de part et d'autre tous nos paquets et seraient soigneux de nous les faire tenir, sans être obligé, comme il est arrivé jusqu'ici, de les abandonner aux maîtres de poste, qui leur font souvent prendre des routes écartées; il faudra, si vous approuvez ce parti, lui en toucher quelque chose dans vos lettres, pour mettre les choses à l'avenir sur un pied réglé.

Au sujet de l'*Instruction pastorale* de M. de Senez ([1]), dont vous me parlez, je ne l'ai plus il y a longtemps. Elle me fut envoyée, le mois de juillet passé, par un président de Provence ([2]), qui voulut m'en faire part comme d'une pièce qui faisait du bruit dans le monde. Comme ces matières ne sont guère à ma portée, je ne me fis pas de peine de la lui renvoyer ainsi qu'il m'avait témoigné le désirer. Je crois bien qu'il n'aurait pas trouvé fort mauvais que je l'eusse gardée; il ne me vint point dans la pensée que M. le Nonce se ferait un plaisir de la voir : elle était d'ailleurs si longue et si chargée que je regardai comme un embarras de la lui pouvoir faire tenir, dans la difficulté où l'on est pour les voitures. Il faudrait bien du temps maintenant pour ravoir cette pièce : ce président, qui est M. de Mazaugues, est depuis quelque temps à la campagne. Toutes ces raisons m'obligent à vous prier de la procurer à M. le Nonce par quelque autre voie, si cela est en votre pouvoir. Nous avons eu à Grenoble, ces jours passés, M. l'évêque de Senez. Je lui sais le meilleur gré du monde de s'être souvenu de moi en passant; il voulait me venir voir à la campagne, s'il eût osé le faire trouver bon à un commissaire des guerres qui l'accompagne par ordre de la Cour. Il me paraît, malgré tous les bruits qui s'élèvent contre M. d'Embrun ([3]), que sa conduite a été fort bonne et fort judicieuse, et qu'il a rempli fort exactement tout ce qu'on pouvait attendre de lui dans une conjoncture si délicate. Mon frère l'évêque de Vence ([4]), qui a assisté au concile, parle avec beaucoup d'éloge de sa modération dans les assemblées, de son attention à prévenir tous les prélats par ses manières obligeantes et par les discours les plus mesurés : nulle affectation à s'élever par-dessus les autres ni à se prévaloir de la confiance qu'on avait en lui, et ne témoignant aucun ressentiment de la récusation injurieuse que M. de Senez voulut faire de lui sur une prétendue confidence qu'il lui reprocha entre lui et son neveu dans un procès qu'il eut à Paris pour ce sujet. Je ne m'étends pas davantage là-dessus : quelques-uns des prélats qui se sont trouvés à ce concile, que vous aurez sans doute vus à Lyon, auront pu confirmer tout ce que j'en dis.

M. Rally, mon neveu (⁷), n'est pas encore en état de revenir; je ne manquerai point de lui faire savoir vos honnêtetés lorsqu'il sera à portée d'en profiter. Je suis toujours plus charmé de toutes les vôtres sur mon compte. On ne saurait y être plus sensible ni être avec une estime et un attachement plus inviolable, Monsieur, votre très-humble et très-obéissant serviteur. VALBONNAYS.

(¹) Ms. 588 de la biblioth. publ. de Lyon, fᵒ 41; original pap., signat. autogr. Cette lettre n'offre pas de suscription, mais il ressort du contexte et de la suite de cette correspondance qu'elle a dû être adressée à l'abbé Tricaud; il en est de même de la lettre II publiée par J. OLLIVIER (*Mélanges biogr. et bibliogr.*, t. I, p. 349-52), bien que l'éditeur ait seulement conjecturé que le destinataire était membre de l'Académie de Lyon, dont Valbonnais faisait partie. — Anthelme TRICAUD, né à Belley en 1671, fit ses études théologiques avec succès et devint chanoine du chapitre d'Ainay, à Lyon; il fut un des membres les plus assidus et les plus laborieux de l'Académie de cette ville, dès sa fondation. Son opposition à la bulle *Unigenitus* le fit exiler à Paris en 1735: il y mourut en juillet 1739 (DELANDINE indique 1741: *Mss. de Lyon*, t. III, p. 236). Tricaud portait le titre d'abbé de Belmont. Parmi ses ouvrages, il n'y a lieu d'indiquer ici que son *Histoire des Dauphins françois et des princesses qui ont porté en France la qualité de Dauphines*, etc. (Paris, 1713, in-12), qui dut sans doute le mettre en relations avec Valbonnais. La proximité les rendit fréquentes, et son nom reviendra souvent dans cette correspondance, quoique la seule lettre XXIV lui soit adressée personnellement.

(²) De Lucerne, le cardinal Passionei (voir la note 1 de la let. IX).

(³) Jean SOANEN, né à Riom en 1647, entra en 1661 dans la congrégation de l'Oratoire et montra du talent dans la prédication. Nommé évêque de Senez en 1695, il accepta la bulle *Vineam Domini*, mais publia contre la bulle *Unigenitus* et la signature du *Formulaire*, le 28 août 1726, l'*Instruction pastorale* mentionnée par Valbonnais. Elle causa grand scandale, et le métropolitain du prélat, l'archevêque d'Embrun, réunit avec l'assentiment du cardinal de Fleury un concile qui s'ouvrit le 16 août 1727. Soanen, ayant persisté à récuser l'autorité des évêques assemblés, fut dépouillé de sa juridiction épiscopale et suspendu des fonctions sacerdotales; on l'exila à l'abbaye de la Chaise-Dieu, en Auvergne, où il mourut le 25 déc. 1740. Il était utile de résumer cet incident de l'histoire du Jansénisme, car l'affaire du concile d'Embrun est fréquemment rappelée dans la correspondance de Valbonnais.

(⁴) Henri-Joseph DE THOMASSIN, seigneur DE MAZAUGUES, né en 1684, était petit-neveu de Peiresc et devint président au parlement de Provence à Aix; il mourut le 17 févr. 1743, laissant une superbe bibliothèque que son frère et héritier de Thomassin-Bargemont vendit à l'évêque de Carpentras, Malachie d'Inguimbert. Les libéralités intelligentes de ce prélat méritent la reconnaissance de tous les érudits (LAMBERT, Mss. de Carpentras, t. I, Not. hist.).

(⁴) Pierre GUÉRIN DE TENCIN, né à Grenoble en 1679, abbé de Vézelay en 1702, grand vicaire de Sens en 1705, fut chargé des affaires de France à Rome en 1721 ; il fut nommé archevêque d'Embrun en 1724 et présida dans sa métropole, en 1727, le concile provincial où fut condamné l'évêque de Senez. L'appréciation favorable que fait de lui Valbonnais dans cette lettre contraste avec les sentiments qu'il exprime sur son compte dans la XVIe et les suivantes. Nommé cardinal par Clément XII en 1739, ce prélat devint archevêque de Lyon l'année suiv. et ministre deux ans après ; il se retira dans son diocèse en 1752 et y mourut le 2 mars 1758.

(⁵) Flodoard MORET DE BOURCHENU, frère puîné de Valbonnais, était vicaire général de Grenoble quand il fut nommé à l'évêché de Vence en 1713 ; il fut sacré le 6 janv. de l'année suivante par le cardinal de Rohan et mourut en 1727, suivant l'*Armorial de Dauphiné*.

(⁶) Joseph-François DE BALLY, fils de Françoise Moret de Bourchenu, sœur de Valbonnais, naquit en 1690 et fut reçu en 1710 conseiller au parlement de Grenoble ; il devint premier président de la chambre des comptes en 1730, en vertu des dispositions de son oncle, et mourut en 1758. Le titre de marquis de Valbonnais lui fut confirmé en 1746. On lira plus loin cinq lettres (n°s III, IV, VIII, X et XI) de lui à son oncle, au sujet d'une affaire délicate dont il paraît s'être tiré avec habileté.

II.

Lettre de M. le Chancelier (¹).

A Versailles, le 7 janvier 1729.

Monsieur, quelque plaisir que j'aie à recevoir, en commençant cette année, de nouvelles assurances de votre amitié pour moi, j'en aurai encore plus à vous voir faire de nouveaux efforts pour maintenir le bon ordre et une discipline exacte dans votre Compagnie, afin que tous ses membres y concourent, à votre exemple, à l'observation des lois et au bien de la justice. C'est ce qui m'engagera, plus que tout autre motif, à vous donner de nouvelles marques de ma considération, et à vous témoigner, par mes services, que je suis véritablement, Monsieur, *etc.*

(¹) Ms. de M. de Bouffier, n° 1. — Henri-François DAGUESSEAU, né en 1668, fut chancelier du 2 févr. 1717 au 28 nov. 1750, bien que dans cet intervalle les sceaux lui aient été plusieurs fois enlevés (DUCANGE, II, 84) ; il mourut le 9 févr. 1751. Voir pour les rapports de Valbonnais avec le chancelier, les lettres XXIX, XXXI, XXXIII et LII.

III.

Lettre de M. Bally (¹).

A Paris, le 4 février 1720.

Le voyage que je viens de faire à Versailles, Monsieur, a mis fin à mon procès, ainsi que je m'en étais flatté; j'en ai rapporté un arrêt, qui fut signé mardi au dernier conseil des finances, par lequel le roi, voulant traiter favorablement le Parlement de Grenoble, lui accorde pour indemnité et sans tirer à conséquence les fonds nécessaires pour satisfaire aux engagements que j'ai contractés en son nom avec ses créanciers d'Avignon, c'est-à-dire que l'on nous paye comptant les douze mille quatre cents livres que je leur avais promises au 1ᵉʳ avril seulement, et le reste, qui monte à quatre-vingt-quatre mille sept cent quatre-vingt-dix livres, nous sera remboursé dans trois années, qui est le même terme que j'ai pris avec ces créanciers. Je crois que la Compagnie aura lieu d'être bien contente de cet arrangement, que la quantité de la somme aussi bien que la crainte des conséquences a rendu très-difficile à obtenir, surtout dans un temps où l'épuisement des fonds publics a répandu dans le ministère un esprit d'économie qui va au-delà de tout ce qu'on peut imaginer.

J'ai rendu compte à M. le Chancelier de la convention que vous avez fait signer au sieur Rigo, conformément au parti proposé par ce ministre, en lui remettant la lettre que vous lui écriviez sur ce sujet. M. le Chancelier m'en a paru très-content, non-seulement par rapport à la Compagnie, mais plus particulièrement encore par rapport à vous, pour qui il me témoigne être rempli de toute la considération et de toute l'estime que vous méritez.

M. de Mathas me chargea, ces jours passés, de vous demander si vous n'auriez point quelque éclaircissement à lui donner au sujet d'une charge particulière dans la province sous le titre de sergent de bataille, que possédait un gentilhomme de Saint-Robert nommé M. de Villancourt qui vient de mourir. Plusieurs personnes se sont adressées à M. le duc d'Orléans (²) pour lui en demander l'agrément, comme une dépendance du gouvernement de la province.

C'est sur quoi son Altesse désirerait d'avoir quelque instruction, pour savoir au juste quel a été en cela l'usage et le droit des gouverneurs, ou si c'est un titre purement militaire et qui doive passer par le canal ordinaire du ministre de la guerre, sans aucun rapport au gouverneur : c'est ce qu'on connaîtra sans doute par les registres de la Chambre, où on ne peut manquer de trouver les provisions de quelques-uns de ceux qui ont été ci-devant revêtus de cet emploi.

Il ne me reste plus à présent, en exécution de l'arrêt dont j'envoye par ce courrier une copie à M. de Grammont (³), qu'à solliciter les ordonnances et les assignations nécessaires pour les fonds qu'on nous promet, et à passer ensuite au trésor royal les quittances et décharges en forme, en vertu des pouvoirs que j'avais pris la précaution de me faire envoyer d'avance. J'espère de remplir tout le reste de formalité avant la fin de ce mois, et que dans les premiers jours de l'autre j'aurai le plaisir de vous revoir. Faites-moi la grâce de me donner incessamment vos derniers ordres, et de me croire, avec tout le respect et la reconnaissance que je vous dois, Monsieur, votre etc.

(¹) Ms. de M. de Bouffier, n° 2.

(²) Louis d'Orléans, fils du régent, né en 1708, mort en 1752, fut élevé dans la pratique de la religion et le goût des lettres et des sciences. Voir deux billets de lui sous les n°ˢ VI et LIII.

(³) Arthur-Joseph de la Poype-Saint-Julin DE GRAMMONT, conseiller du roi, était alors second président en la Cour : il devint premier président du Parlement de Dauphiné le 26 juill. 1730 (Pilot, *Invent. des Archives de l'Isère*, t. I, p. 422).

IV.

Lettre de M. Bally (¹).

A Paris, le 18 février 1729.

Les truffes que vous avez destinées pour M. le duc d'Orléans, Monsieur, ont été fidèlement rendues par le courrier de mardi dernier; elle furent sur-le-champ portées au Palais Royal. Son Altesse royale (²), en l'absence de M. le duc d'Orléans qui était à Marly, fit ouvrir la boîte devant elle; elle fut si charmée de la beauté du présent et de l'air de fraîcheur qu'il conservait encore, qu'elle voulut en goûter. Elle les trouva très-bonnes et n'en laissa guère à M. le duc d'Orléans, à qui cependant M. de Mathas en a rendu compte à son retour; ce prince a paru extrêmement sensible à votre attention et a chargé en même temps M. de Mathas de vous en remercier de sa part. Je n'ai pu m'empêcher, à cette occasion, de renouveler à ce dernier le regret de la perte des précédents envois, qui ont été soustraits par les directeurs des postes, quoiqu'ils eussent la même destination : mais il n'y a plus que ce qu'on adresse directement au prince qui soit respecté par ces messieurs.

Je continue à faire toutes les démarches nécessaires pour mettre la dernière forme à la décision favorable que nous avons obtenue de la Cour. J'ai eu cette semaine de M. le Contrôleur général l'état de distribution pour le payement des arrérages qui doit être fait incessamment à nos créanciers. M. le Contrôleur général m'a donné pour cela des assignations sur le don gratuit du clergé, ainsi que je le lui avais demandé: c'est un fonds qui, comme vous voyez, ne sera point à charge à la province et dont le payement ne peut être plus assuré, puisque c'est M. de Senozan (³) qui l'a entre ses mains et qui nous le fera toucher, sans remise et sans délai, dans le lieu où nous en aurons besoin. Je lui ai certainement beaucoup d'obligation dans la suite et dans la conclusion de toute cette affaire : outre les facilités et les amis qu'il a auprès des ministres et dans tous les bureaux, son expérience et sa dextérité dans les affaires de finances comme celle-ci ne m'ont pas été d'un médiocre secours.

Je reçois dans ce moment la dernière lettre que vous me faites l'honneur de m'écrire, avec celle que vous y joignez pour M. le duc d'Orléans et pour M. le Cardinal (⁴), auprès de qui votre nom et votre recommandation m'ont ouvert le chemin qui m'a enfin conduit à un succès aussi heureux. Je vous suis très-obligé de la bonté que vous avez de vouloir bien m'aider à leur rendre en cette occasion toutes les actions de grâces dont je suis tenu : je me fais un grand plaisir de pouvoir m'acquitter aussi solennellement de ce devoir. Je ne cesse d'éprouver, depuis que je suis ici, combien vous y êtes chéri, honoré et respecté dans tous les ordres et dans tous les états. Je ressens parfaitement tout ce que je vous dois; aussi rien n'égalera jamais les sentiments de reconnaissance, d'attachement et de respect avec lesquels je serai toute ma vie, Monsieur, votre très-humble et très-obéissant serviteur.

(¹) Ms. de M. de Bouffier, n° 3.

(²) Marie-Françoise de Bourbon, mère du duc d'Orléans.

(³) François Olivier de Sénozan, intendant général du clergé de France, qui épousa en 1711 Madeleine de Groléé de Viriville.

(⁴) André-Hercule de Fleury, né en 1653, évêque de Fréjus en 1698, précepteur de Louis XV en 1715, fut nommé cardinal en 1726 et succéda comme premier ministre au duc de Bourbon; il mourut en 1743. Nous donnons deux billets de lui (nᵒˢ V et XLIII) à Valbonnais, qui témoigne beaucoup d'admiration pour la sagesse de son administration.

V.

Lettre de Mʳ le cardinal de Fleury (¹).

A Marly, le 23 février 1729.

Je vois avec plaisir, Monsieur, la satisfaction que vous témoignez de la manière dont s'est terminée l'affaire que votre Compagnie avait avec ses créanciers d'Avignon, et je suis ravi d'avoir pu contribuer à cet égard à ce qu'elle désirait. Je vous prie de l'assurer qu'elle me trouvera toujours disposé à lui donner en toute occasion des marques de mon attention, pour tout ce qui pourra lui être agréable, et vous faire connaître en particulier, Monsieur, combien je vous honore.

(¹) Ms. de M. de Bouffier, n° 4.

VI.

Lettre de Mʳ le duc d'Orléans (¹).

A Paris, le 24 février 1729.

Monsieur, je ne refuserai pas de convenir que, dans l'affaire du Parlement de Dauphiné qui vient d'être conduite par votre neveu (²), l'estime que j'ai conçue pour lui ne soit jointe aux motifs qui m'intéressent pour ce corps, et ne m'ait engagé à désirer de plus en plus que mes bons offices fussent suivis d'un heureux succès; il est juste que ce qu'il est vous fasse prendre part aux sentiments qu'il m'a inspirés en sa faveur, parce que de mon côté j'ai été bien aise de trouver en votre neveu et celui que vous avez destiné à vous remplacer, un sujet aussi digne de mon estime que de votre amitié. Je suis, avec mes sentiments ordinaires, Monsieur, *etc.*

(¹) Ms. de M. de Bouffier, nº 5.
(²) J.-F. de Bally : voir la note 7 de la lettre 1.

VII.

Lettre de M. de Grammont-Vachères (¹).

A Crest, le 3 mars 1729.

Monsieur, j'ai reçu la lettre que vous m'avez fait l'honneur de m'écrire. J'ai celui de vous envoyer les titres et actes que j'ai pu rassembler, pour vous donner les éclaircissements que vous désirez; et j'y ai joint un mémoire, le plus succinct qu'il a été possible de le faire, dans lequel est rapporté un précis de chaque acte. Je suis très-sensible et reconnaissant de votre politesse, et j'ai l'honneur de vous assurer de l'attachement et du respect avec lequel je suis, Monsieur, *etc.*

(¹) Ms. de M. de Bouffier, nº 6. — Philippe de Grammont, marquis de Vachères, avait succédé à son père comme gouverneur de la tour de Crest.

VIII.

Lettre de M. Bally (¹).

A Paris, le 5 mars 1729.

Sur la lettre que M. Julliany (²) m'a écrite de votre part, Monsieur, j'ai vu de nouveau M. Gassins et je lui ai réitéré mes remerciments sur la conduite et le procédé obligeant qu'il a tenus à votre égard depuis le commencement de votre affaire avec les moines de Domène (³). Je l'ai instruit de toute la suite et du détail que contient la lettre de M. Julliany, et je lui ai remis la copie du bail à prix-fait des réparations considérables auxquelles vous faites travailler contre la rivière, pour l'utilité du bénéfice aussi bien que pour le vôtre, et où vous faites employer les bois qui ont été coupés ; il m'a promis d'en parler encore au procureur général de l'ordre et de lui faire voir toutes ces pièces, qui marquent dans ces moines une opiniâtreté sans exemple qui les aveugle au point de s'opposer à leur propre intérêt. Cette démarche de votre part a été faite d'autant plus à propos que dom Marc en dernier lieu a écrit une longue lettre à M. le prieur, pour lui exposer tous leurs prétendus griefs contre vous au sujet de ces arbres, et pour lui persuader que vous aviez abusé, au grand préjudice du bénéfice, de la complaisance qu'il avait voulu avoir pour vous. M. Graslins, qui en l'absence de son neveu a ouvert le paquet, me l'a fait voir et m'a promis de lui répondre de la façon convenable ; les pièces que je lui ai remises le mettent en droit de parler et l'ont bien confirmé dans les sentiments où il a toujours été sur cette affaire.

Quoique vous ayez tous les mois les *Journaux des Savants* ([1]), suivant le traité que vous avez fait avec le maître de la poste, je ne laisse pas de vous envoyer celui de février par M. de Grollier, qui part mardi prochain, dans l'incertitude où je suis si vous êtes servi exactement. Tous les livres que vous m'avez demandés sont achetés ; je n'oublie pas vos autres commissions. Je ferai partir au commencement de la semaine prochaine une caisse qui, à ce que j'espère, ne sera pas si longtemps en chemin que la précédente. Je compte d'être en état, par ma première lettre, de vous marquer le jour de mon départ, après lequel je soupire depuis un si long terme : j'éprouve en bien des rencontres ce qu'il m'en coûte d'être séparé de vous. J'aurais eu grand besoin de vos lumières et de vos conseils pour me conduire au sujet de la démarche que j'ai appris que le Parlement avait résolu de faire à mon égard ; je vous dirai même que, quelque flatteuse que paraisse une pareille marque de distinction, la répugnance naturelle à tout ce qui tient nature de présent m'avait d'abord fait écrire à ces messieurs, sur le premier avis que j'eus de leur dessein, pour tâcher de leur faire agréer de le suspendre, afin d'être en état, à mon retour, de pouvoir en cette occasion prendre de meilleurs avis que les miens ; mais les lettres que je viens de recevoir par le dernier courrier m'envoyent que ces messieurs ont pris à ce sujet une délibération en forme, et une résolution si positive qu'ils seraient très-blessés si je persistais à apporter de la résistance à recevoir, de la part d'un corps qui m'a chargé de toute sa confiance, un témoignage aussi honorable de sa satisfaction, ce qui m'oblige de me soumettre, ne croyant pas après cela pouvoir différer davantage de le faire avec toute la sensibilité et la reconnaissance que je dois à une pareille démarche. C'est à vous, Monsieur, que je rapporte avec juste raison tout ce que j'ai eu de succès depuis que je suis en ce pays; je ne cesserai jamais de vous en renouveler mes très-humbles actions de grâces, ainsi que les sentiments d'attachement et de respect avec lesquels j'ai l'honneur d'être, Monsieur, votre très-humble et très-obéissant serviteur. BALLY.

(1) Ms. de M. de Bouffier, n° 7.

(2) C'était un ecclésiastique (lettre XL) qui servait de secrétaire à Valbonnais; plusieurs lettres semblent transcrites de sa main.

(3) Le prieuré des Bénédictins de Domène fut fondé en 1027 et affilié à Cluny. Valbonnais possédait dans cette localité une habitation où il passait les vacances.

(4) Ce numéro du *Journal des Savants* (devenu mensuel depuis 1724) renfermait, sur l'*Histoire de Dauphiné* de Valbonnais, une analyse qui fut continuée le mois suivant. Voir les lettres XIII et XV auxquelles elle donna lieu.

IX.

Lettre de M. le nonce de Lucerne (1).

Du 6 mars 1729.

Monsieur, j'aurais honte de paraître devant vous après plus de six mois de silence, si je n'espérais de votre justice que vous me ferez celle d'être persuadé qu'il n'y a pas eu de ma faute. Il m'a fallu me rendre à Coire, au pays des Grisons, pour l'élection d'un nouvel évêque, à laquelle j'ai présidé (2). Cette affaire m'a coûté une infinité d'embarras et d'occupations, qui ne m'ont point laissé un seul moment pour mes amis; car, vous jugez bien, Monsieur, que les voyages et une chose de cette conséquence, avec les autres de mon ministère, n'ont pu me permettre de cultiver l'honneur de votre amitié avec toute l'exactitude que j'aurais désirée. J'ai ressenti vivement l'interruption de notre commerce, et je le reprends avec tout l'empressement imaginable en répondant à votre dernière lettre.

Mr l'abbé Tricaud fut très-ponctuel à me faire tenir d'abord l'histoire avec les actes du concile d'Embrun, et je vous suis, Monsieur, très-obligé de ce présent. Il y a déjà du temps que l'on m'a envoyé la consultation des avocats, et j'ai été fâché de voir en beaucoup de points les lois de la charité violées. On m'a mandé qu'il courait dans le monde un autre écrit non imprimé des mêmes avocats; je vous prie de me dire ce qui en est ([3]). L'acceptation pure et simple de Mr le cardinal de Noailles rendra, je l'espère, la paix et la tranquillité à l'Eglise, et son exemple pourrait être suivi des autres qui l'avaient imité dans son appel ([4]).

Je suis ravi, Monsieur, que vous ayez lu avec plaisir les observations de Mr Eccard sur l'histoire de l'abbaye de Fulde ([5]). Outre Mr Schannat, qui lui a répondu vivement ([6]), le père Hugo, abbé des Prémontrés en Lorraine ([7]), a aussi composé contre; l'ouvrage de ce dernier, que j'attends, n'est pas encore achevé d'imprimer.

Il est inutile de m'étendre sur les louanges que méritent vos dernières remarques sur le monument de Ventavon ([8]); vous savez combien j'estime tout ce qui sort de vos mains. Je les aurais déjà envoyées à M. Eccard, mais outre qu'il y a près d'un an que je n'ai reçu de ses nouvelles, je le crois tellement occupé à son histoire de l'ancien royaume de Franconie ([9]), que je me suis imaginé qu'il valait mieux différer à lui faire part de votre dissertation et de celle de M. Layné ([10]), lorsqu'il aurait plus de loisir pour m'en dire ses sentiments. Je ne tarderai plus à lui communiquer l'une et l'autre pièce, et je vous ferai ensuite savoir ses réponses.

J'aurai un plaisir très-sensible de voir l'oraison funèbre de M. le cardinal Le Camus ([11]), que vous avez la bonté de me promettre, et j'ai mille actions de grâces à vous rendre des diligences que vous faites pour me déterrer tout ce que les curieux ont pu conserver d'anecdotes de ce grand prélat. L'élévation de M. d'Angervilliers ([12]) m'a été extrêmement agréable, et je vous remercie du compliment que vous me faites à ce sujet.

Je vous embrasse tendrement, Monsieur, et suis avec sincérité, sans compliment et sans réserve, aussi inviolablement que distinctement tout à vous.

(1) Ms. de M. de Bouffier, n° 10.— Dominique PASSIONEI, né à Fossombrone en 1682, se livra avec succès à l'étude des antiquités sacrées et profanes. Il vint en France en 1706 et s'y lia avec divers savants; passé en Hollande en 1708, il fut légat de Clément XI au congrès d'Utrecht (1712), puis à celui de Bade (1714), enfin à Soleure (1715). Innocent XIII lui donna la nonciature de Suisse (1721) avec le titre d'archevêque d'Ephèse; il dut rompre avec le conseil de Lucerne et résida plus d'un an à Altorf. Passé à la nonciature de Vienne (1730), il fut nommé secrétaire des brefs et cardinal en 1738. Benoît XIV lui donna la charge de bibliothécaire du Vatican (1755), la seule que ses goûts d'érudit aient ambitionnée. Passionei mourut le 5 juil. 1761, associé étranger de notre Académie des Inscriptions. Parmi les savants et les littérateurs avec lesquels il était en correspondance, il faudra désormais ajouter l'historien du Dauphiné. Les neufs lettres de lui (nos IX, XVII, XXII, XXIII, XXVII, XXXII, XXXVIII, LX et LXI) et les six que lui répondit Valbonnais (nos XII, XVI, XXI, XXV, XXXVI et XLVII) sont assurément les plus intéressantes de cette correspondance et pourront compléter les renseignements donnés sur ce savant cardinal par la Notice (en allemand) sur les nonces en Suisse insérée dans le recueil *Helvetia* (t. VII et VIII, Aarau, 1832-3).

(2) L'évêque de Coire Ulrich VII de Federspiel étant mort le 11 oct. 1728, on lui donna pour successeur, le 13 déc. suivant, Joseph-Benoît de Rost.

(3) Le concile d'Embrun donna lieu à la publication d'assez nombreux écrits; voir ROCHAS, *Biogr. du Dauph.*, t. II, p. 437.

(4) Louis-Antoine DE NOAILLES, évêque de Cahors en 1679, passa à l'archevêché de Paris en 1695 et fut nommé cardinal en 1700. Après avoir appelé de la bulle *Unigenitus* en 1717, il se rétracta publiquement le 11 octob. 1728 (texte dans Feller, *Biogr. univ.*)

(5) Jean-Georges D'ECKHART, savant allemand, converti au catholicisme par le cardinal Passionei et mort à Wurtzbourg en 1730. Il fit don de ses *Animadversiones historicæ et criticæ in Joan. Schannati Diœcesim et Hierarchiam Fuldensem* (Wurtzb., 1727, in-fol.) à Valbonnais, qui le remercia par l'entremise du nonce. Il ne s'agit pas de Tobie Eckart, comme l'a conjecturé J. OLLIVIER (*Mélanges*, t. I, p. 306).

(6) Jean-Frédéric SCHANNAT, autre savant allemand, embrassa l'état ecclésiastique et fut aussi lié avec le cardinal Passionei. Il opposa aux attaques d'Eckhart contre son *Diœcesis Fuldensis cum annexa sua hierarchia* (Francfort, 1727, in-fol.) des *Vindiciæ quorumdam archivi Fuldensis diplomatum* (1728, in-fol.).

(7) Charles-Louis HUGO, Lorrain, de l'ordre de Prémontré, abbé d'Estival, évêque de Ptolémaïs, mort en 1739.

(8) Imprimées dans le *Journal de Trévoux* (avril 1828, p. 734 et ss.); voir J. OLLIVIER, *Mélanges*, t. I, p. 329-30.

(9) Qui parut bientôt sous le titre *De rebus Franciæ orientalis et episcopatus Wicsburgensis* etc. (Wurtzb., 1729, 2 v. in-fol.).

(10) Sans doute la *Disquisitio* d'Antoine LASNET, secrétaire du roi à Lyon, *in dissertationem cui titulus est:* Tumulus T, Flavii martyris illustratus (Lyon, 1728, in-4°).

(11) Etienne LE CAMUS, né à Paris en 1632, docteur de Sorbonne en 1650, fut nommé à l'évêché de Grenoble le 6 janv. et sacré le 24 août 1671 : Innocent XI le créa cardinal en 1686. Il mourut le 12 sept. 1707, laissant les pauvres héritiers de la plus grande partie de sa fortune. — Le P. Molinier, oratorien, composa son oraison funèbre, mais ne la prononça pas ; elle se trouve en manuscrit à la biblioth. de Grenoble (n° 296, de 50 p.).

(12) Voir de ce personnage les lettres XXXIX, XLIV, XLVI et LI, et les réponses XLI et LVI.

X.

Extrait d'une lettre de M. Bally (1).

A Paris, le 12 mars 1729.

J'ai fait partir mercredi dernier 9e de ce mois, Monsieur, une caisse qui contient une douzaine d'arbres pêchers pour espalier, de la plus belle espèce que j'aie pu choisir dans le jardin des Chartreux ; ils ont chacun une étiquette pour marquer le nom du fruit qu'ils doivent porter. J'y ai joint une douzaine de petits cerisiers qui se mettent aussi en espaliers et que j'ai pris de même aux Chartreux : comme je sais que c'est un fruit que vous aimez assez, j'ai cru que vous ne seriez pas fâché d'en tapisser les places vides qui pourraient encore rester dans vos espaliers ; ils sont greffés de ces grosses cerises de la vallée de Montmorency et doivent porter beaucoup plus tôt que les arbres en plein vent. J'ai adressé la caisse à M. Pesche, à qui j'ai écrit pour qu'il ait soin de la faire retirer exactement et de l'envoyer à Grenoble, n'y ayant point de temps à perdre pour les planter ; il faut toujours faire préparer les places et les trous d'avance. Les grands froids et la gelée ont été cause que je n'ai osé risquer de vous les envoyer plus tôt.

Toutes mes affaires sont à présent entièrement terminées ; j'ai fini au trésor royal et j'ai la réception dans les formes sur le don gratuit du clergé: je l'envoye par le courrier à Mrs du Parlement, avec toutes les instructions nécessaires pour faire leur premier payement à Avignon, etc. La caisse arrivera à Grenoble le 23 mars.

(1) Ms. de M. de Bouffier, n° 8.

XI.

Lettre de M. Bally (1).

A Paris, le 19 mars 1729.

Après demain, Monsieur, je commence de me mettre en route avec M. de Veynes. Les chevaux neufs et les mauvais chemins nous obligeront à faire de petites journées; quant au séjour de Rigny (2), je l'abrégerai autant qu'il me sera possible. Je compte d'arriver à Grenoble vers le dimanche des Rameaux (3) : cet intervalle va encore me paraître assez long.

J'ai tâché cette semaine de remplir tous les devoirs auxquels j'étais tenu à Versailles et à Paris. M. le cardinal (4) m'a bien voulu faire l'honneur de me présenter au roi (5) pour prendre congé, et m'a témoigné toutes sortes de bontés dans ce dernier voyage. Il me fit la faveur de m'arrêter à dîner avec lui le même jour, quoiqu'il n'y ait ordinairement qu'un fort petit nombre d'élus à sa table de tous ceux qui lui font leur cour; il me parla beaucoup de vous, demandant avec empressement des nouvelles de votre santé et de vos occupations. M. d'Angervilliers, qui se trouva dans le cabinet du roi dans le moment que je pris congé, aborda M. le cardinal et vint de la meilleure grâce du monde joindre ses remerciments aux miens, et témoigna à son Eminence, dans les termes les plus obligeants et pour la Compagnie et pour le député, la part qu'il prenait à la grâce qu'il nous avait faite. Enfin, Monsieur, j'ai eu la satisfaction d'être traité favorablement, dans ces derniers moments, de tous Mrs les ministres, à qui je rendis ensuite en particulier les mêmes devoirs; vous n'y fûtes pas oublié : M. le Chancelier, M. d'Angervilliers, M. le duc d'Antin (6), M. le duc de Tallard (7), tous me marquèrent la considération particulière dont ils sont remplis pour vous. Monsieur le duc d'Orléans s'expliqua dans les termes les plus forts.

Vous pouvez croire que je n'ai pas manqué de voir aussi M. l'abbé Bignon (8), M. de Boze (9), M. Hardion (10), M. l'abbé Sallier (11) et quantité d'autres confrères illustres que vous avez, et de m'acquitter auprès d'eux de tout ce que je sais que vous pensez sur leur compte : il n'y en a point qui ne vous respecte et ne vous honore comme vous le méritez.

Au reste, j'ai fait part à M. de Venterol de tout ce que vous m'écrivez sur M. de Piegu son frère, dont il a été très-surpris et très-mortifié en même temps, à ce qu'il m'a paru. Son frère s'était contenté de lui marquer le changement de volonté du sacristain de La Mure (12), et s'était bien gardé de lui expliquer les motifs et les ressorts qui l'ont fait agir de la sorte. M. de Venterol doit écrire à son frère de la façon la plus vive à ce sujet, et m'a assuré que vous seriez toujours le maître absolu de disposer de tout ce qui dépend en cela de lui. Si cet échange ne peut se renouer, il est tout disposé d'attendre tranquillement et aussi longtemps qu'il le faudra que quelque autre occasion se présente.

Je ne puis fermer cette lettre sans vous témoigner toute la sensibilité avec laquelle j'ai appris que vous aviez eu la bonté de procurer au sieur Duser la place de secrétaire de l'hôpital, conjointement avec le secrétaire de Mr de La Tour-Vidaud ; comme je me flatte d'avoir eu en cela quelque part à vos vues et à votre complaisance pour le sieur Duser, permettez-moi de vous marquer ici ma reconnaissance particulière. Comment pourrai-je jamais vous exprimer toute l'étendue et la vivacité du zèle, de l'attachement et du respect, etc. ?

(1) Ms. de M. de Bouffier, n° 12.

(2) Sans doute Rigny-le-Ferron, arr. de Troyes (Aube).

(3) Qui fut en 1729 le 10 avril, soit 21 jours pour le trajet.

(4) De Fleury, premier ministre. Voir la note 4 de la lettre IV.

(5) Louis XV, alors âgé de 19 ans, étant né le 15 févr. 1710.

(6) Louis-Antoine de Pardaillan de Gondrin, marquis puis duc D'ANTIN, directeur général des bâtiments, mort le 2 nov. 1736. Voir un billet de lui sous le n° I.

(7) Louis-Charles d'Hostun, duc DE TALLARD, mort en 1739.

(8) Jean-Paul BIGNON, né en 1662, abbé de Saint-Quentin, bibliothécaire du roi, membre de l'Académie française et honoraire de celles

des Inscriptions et Belles-Lettres et des Beaux-Arts, collaborateur du *Journal des Savants*, mourut en 1742. On trouvera sous les n°s LIV, LV et LVII trois lettres échangées entre Valbonnais et lui.

(⁹) Claude Gros DE BOZE, né à Lyon en 1680, secrétaire perpétuel de l'Académie des Inscriptions en 1706, remplaça Fénelon à l'Académie française et mourut le 10 sept. 1753. Nous publions une lettre que lui adressa Valbonnais et sa réponse (n°s XLII et XLIX).

(¹⁰) Jacques HARDION, né en 1686, membre de l'Académie des Inscriptions, à laquelle il donna plusieurs dissertations insérées dans les *Mémoires* de cette Compagnie, mort en sept. 1766.

(¹¹) Claude SALLIER, né en 1685, savant philologue, membre de l'Académie française et de celle des Inscriptions, garde des mss. de la bibliothèque du roi, mort en 1761.

(¹²) La Mure, arrond. de Grenoble (Isère).

XII.

Lettre à M. le nonce de Lucerne (¹).

Du 5 avril 1729.

Je ne puis assez vous témoigner, Monseigneur, la douleur que nous ressentons, M. l'abbé Tricaud et moi, d'être privés de tout commerce avec votre Excellence; le temps infini qu'il y a que nous ne recevons point de vos nouvelles nous donne un air de disgrâce auprès de vous, à quoi nous ne pouvons nous accoutumer: c'est la chose du monde qui nous affligerait le plus. Nous cherchons en vain dans nos lettres la cause d'un silence que nous supportons si impatiemment. Les nouvelles publiques nous rassurent cependant sur la crainte où nous pourrions être de quelque indisposition de votre part; elles ne nous apprennent rien qui puisse nous alarmer là-dessus: on n'y trouve que la suite ordinaire des occupations que les emplois dont vous êtes chargé exigent de vous pour les intérêts de votre cour. Cette assurance serait un soulagement pour nous, si elle nous venait par quelque autre endroit que par la voix publique, et si nous pouvions nous flatter que vos sentiments sont toujours les mêmes; je serais inconsolable s'il pouvait y avoir sur cela quelque changement de votre part, étant rempli comme je le suis de la plus haute estime pour votre personne et de l'attachement le plus respectueux avec lequel on puisse être, de V. Excell., Monseigneur, le très-humble etc.

P.-S. — M. l'abbé Tricaud est en peine de savoir si, depuis le concile d'Embrun, vous avez reçu deux paquets qu'il vous a envoyés, dans l'un desquels était la lettre que j'écrivais à M. Eccard, jointe à celle que j'avais l'honneur de vous écrire, avec un autre où il avait mis la copie d'une lettre de Mr le cardinal de Rohan (2), que vous lui aviez demandée ; il vous prie de lui faire savoir si elles vous ont effectivement été rendues, pour se mettre en devoir de les faire chercher si elles se sont égarées.

(1) Ms. de M. de Bouffier, n° 9.
(2) Armand-Gaston de Rohan, né en 1674, évêque de Strasbourg en 1704, cardinal en 1712, mort le 19 juil. 1749.

XIII.

Lettre à M. Burette, professeur royal en médecine à Paris (1).

Du 7 avril 1729.

Je suis trop sensible, Monsieur, aux soins que vous avez pris de mettre dans tout son jour mon *Histoire de Dauphiné*, pour ne pas vous en témoigner la reconnaissance que j'en conserve. Vous avez donné un nouveau relief à cet ouvrage par votre savante plume et par les riches expressions dont vous l'avez orné. Il eût été à désirer pour moi, lorsque je l'ai entrepris, de pouvoir m'aider des avis d'une personne aussi éclairée que vous l'êtes. L'extrait que vous en avez fait marque assez de quelle importance m'aurait été un pareil secours ; on peut dire que c'est une copie qui surpasse son original, et dont les traits font sentir la force et la capacité qui manquaient à son auteur. Quel besoin n'aurais-je point d'une pareille ressource pour le dessein que vous m'inspirez dans un de vos extraits, de donner au public la vie des premiers Dauphins, pour joindre à la suite de cette histoire ce qu'elle peut avoir de plus intéressant dans ses commencements ? Le nombre d'actes et de titres que j'ai ramassés dans le cours de plusieurs années serait très-propre à fournir les matériaux dont on aurait besoin, s'il était aussi aisé dans un pays éloigné de Paris d'en faire la disposition et l'arrangement. Les idées justes et précises pour former un plan qui pût être du goût du public demandent d'être redressées sur des lumières et sur une sorte de discernement qui ne se rencontre guère dans les lieux éloignés de la capitale; d'ailleurs, les occupations de mon emploi et les infirmités de l'âge ne me permettent guère de pouvoir fournir à l'exécution d'un pareil dessein. Si quelque chose était à ma portée, ce serait d'assembler tous les titres et de les ranger dans leur ordre pour en former un tissu propre à en faire une suite et une liaison ; j'aurais besoin pour cela d'un guide assez sûr et qui suppléât à ce qui me manque pour achever cet édifice, trop heureux d'avoir fourni la carrière aussi avant et d'en pouvoir envisager les bornes. J'ose espérer que cette histoire, entreprise sous d'heureux auspices, excitera l'émulation de quelque compatriote qui, jaloux de la gloire de sa patrie et de l'honneur qu'elle a d'être l'apanage du successeur de la Couronne, se piquera d'y mettre la dernière main et de ne rien souffrir de défectueux et d'irrégulier dans un ouvrage qui est fait pour en relever les avantages et lui faire tenir le rang qu'elle mérite parmi les principales provinces du royaume.

Il ne me reste, Monsieur, qu'à vous assurer de toute l'impression qu'a faite sur moi un travail qui vous a coûté autant de peine et dont je recueille tout le fruit; on ne peut y être plus sensible ni avec plus d'estime et de considération, Monsieur, votre etc.

(1) Ms. de M. de Bouffier, n° 11. — Pierre-Jean BURETTE, professeur de médecine au collége royal, pensionnaire de l'Académie des Inscriptions, mort le 19 mai 1747; il fut un fécond collaborateur du *Journal des Savants*, où il rendit compte de l'*Histoire de Dauphiné* de Valbonnais. Voir la note 4 de la lettre VIII et la lettre XV.

XIV.

Lettre de M. le marquis de Chabrillan (1).

12 avril 1729.

Monsieur, les bontés dont vous m'honorez me font espérer que vous voudrez bien prendre part à ma joie, sur la conclusion du mariage de mon fils avec Mlle de La Fare, nièce très-chérie de M. le marquis de La Fare, chevalier de la Toison d'or, commandant et lieutenant général en Languedoc, et de M. l'évêque de Laon, pair et commandeur des ordres du roi ([2]), fille de Mme la marquise de La Fare, leur sœur; outre cette belle alliance, elle a en sa personne toutes les bonnes qualités que l'on peut désirer et aura un jour un bien considérable. Ce sera, Monsieur, de nouveaux avantages si vous voulez bien accorder votre agrément et votre approbation à ce mariage, ce qui, venant de votre part, me flattant (flattera?) beaucoup par le respect infini avec lequel j'ai l'honneur d'être, Monsieur, votre très-humble, etc.

P.-S. — Si l'ouvrage, Monsieur, que vous avez eu la bonté de faire sur la généalogie de ma maison ([3]) est en état de recevoir et d'y mettre cette nouvelle alliance, je vous serai infiniment obligé de faire mettre sur l'article de César de Moreton qu'il est marié à Mlle Charlotte de La Fare.

([1]) Ms. de M. de Bouffier, n° 17. — Antoine de Moreton, marquis DE CHABRILLAN, dont le fils, César-François, fut nommé maréchal de camp en 1748.

([2]) Etienne-Joseph de La Fare, 25 juil. 1724-23 avril 1741.

([3]) Nouveau témoignage sur le travail généalogique entrepris par Valbonnais, sur le désir du duc d'Orléans (v. J. Ollivier, *Mélanges*, t. I, p. 331).

XV.

Lettre de M. Burette, pensionnaire de l'Académie ([1]).

14 avril 1729.

Monsieur, rien n'est plus flatteur pour moi que la lettre obligeante dont vous avez bien voulu m'honorer, au sujet de l'extrait dans lequel j'ai rendu compte de l'*Histoire de Dauphiné*. Je m'estime trop heureux d'en avoir pu donner en raccourci une copie que vous n'ayez pas jugée tout à fait indigne d'un si excellent original; pour le célébrer comme il mérite de l'être, il lui fallait certainement une plume qui fût plus éloquente que la mienne, mais au défaut des richesses et des grâces de l'élocution, auxquelles n'atteint point la faiblesse de mes talents, j'ai tâché de me renfermer dans l'exactitude et la fidélité par rapport à l'exposition des principaux faits, et en cela je me suis efforcé de m'acquitter le moins mal qu'il m'a été possible des devoirs de journaliste. Que ne se présente-t-il souvent de pareils ouvrages également recommandables et pour le fond et pour la forme ! Quelle moisson n'en reviendrait-il pas au *Journal des Savants* et quel soulagement pour tous ceux qui le composent, lesquels, sans avoir besoin d'autres qualités que de celle de simples et fidèles *expositeurs*, se trouveraient en état de remplir parfaitement l'attente et la curiosité du public ! Continuez, Monsieur, j'ose vous le répéter encore ici, continuez à lui fournir de semblables trésors et soyez sûr de toute sa reconnaissance et de tous ses applaudissements. Ne vous défendez ni sur votre âge, ni sur vos infirmités, ni sur vos autres occupations : vos matériaux sont rassemblés, de votre propre aveu ; il ne s'agit plus que de les ranger et d'en extraire une narration historique bien suivie et bien prouvée. Vous avez en la personne de M. le président Bally un très-digne second, avec les secours duquel vous pouvez aplanir aisément les difficultés qui traverseraient votre entreprise. Ne refusez donc pas, Monsieur, à la république des lettres un service de cette importance et que vous seul pouvez lui rendre, muni, comme vous l'êtes, des provisions nécessaires pour cela : l'amour de la patrie vous en sollicite, les savants vous y exhortent ; je joins ma faible voix à la leur et je fais les vœux les plus ardents pour la conservation d'une santé aussi précieuse que la vôtre à tous vos compatriotes et à tous les gens de lettres.

J'ai l'honneur d'être, avec la plus parfaite considération et l'attachement le plus respectueux, Monsieur, etc.

Permettez-moi, s'il vous plaît, Monsieur, de présenter ici mes très-humbles respects à M. le président Bally.

(*) Ms. de M. de Bouflier, n° 18. — Réponse à la lettre XIII.

XVI.

Lettre à M. le nonce de Lucerne (¹).

26 avril 1729.

Je ne pouvais recevoir, Monseigneur, de plus sensible joie que celle que m'a causée votre dernière lettre : elle me rassure sur toutes les craintes qui m'avaient alarmé. Je ne pouvais me remettre des frayeurs où m'avait jeté votre silence : un bien aussi gracieux qu'est celui de vos bonnes grâces m'intéresse trop, pour n'être pas un sujet d'inquiétude sur les moindres doutes qui me font craindre d'en être privé. Quelles actions de grâces ne vous dois-je point de m'avoir rendu le calme par une lettre aussi satisfaisante que m'a fait tenir Mr Tricaud! Elle dissipe non-seulement mes craintes, mais encore elle me donne une nouvelle confiance qui me met en état de soutenir avec moins d'impatience les interruptions auxquelles on doit s'attendre au milieu des affaires importantes qui vous occupent.

Je ne sais si Votre Excellence a reçu une lettre que j'eus l'honneur de lui écrire le 5 de ce mois. Craignant que mes précédentes ne lui eussent pas été rendues, ne sachant plus quelle voie tenir pour m'en assurer, je l'adressai à Mr le résident de Genève, de peur qu'elle n'essuyât la même fortune que quelques autres que Mr l'abbé Tricaud ne croit pas que vous ayez reçues. Il se plaint entre autres des libraires de Genève Fabri et Barrillot (²), qu'il croit n'avoir pas été exacts à vous faire tenir quelques-unes de celles qu'on leur a adressées; il accuse surtout la lettre que j'avais pris la liberté de vous envoyer pour Mr Eccard, le mois de juillet de l'année dernière. Il se plaint aussi d'un mémoire de Mr le cardinal de Rohan, qu'il vous avait envoyé, après plusieurs recherches pour le recouvrer, et qu'il croit que vous n'avez pas reçu, n'en étant fait aucune mention dans vos réponses. C'est sur quoi V. Ex. est priée d'apporter quelque attention pour n'être pas à la merci de pareils correspondants.

Il me paraît, par votre lettre, que le concile d'Embrun a

eu le bonheur de parvenir jusqu'à vous. Le prélat qui est l'auteur de ce concile est allé à Paris depuis quelques mois, dans l'espérance d'en recueillir le fruit; il s'est donné bien des mouvements pour engager quelques-uns de ses confrères à marquer le cas qu'ils faisaient de cet ouvrage par leurs mandements, ce qu'il n'a pu obtenir que d'un très-petit nombre : la pluralité, de même que la plupart des indifférents, ne lui sont point favorables et n'approuvent point cette levée de boucliers, qui n'avait pour but que de faire la cour aux dépens des intéressés. Le même a fait semblant de ne se pas soucier de l'archevêché de Bordeaux, qu'il aurait sûrement accepté si on le lui avait offert : il s'est fait un point d'honneur de ne le pas demander, croyant que c'était la moindre chose qui fût due aux services importants qu'il avait rendus à l'Église. Il se dispose de revenir au plus tôt dans la province; ses prétentions au chapeau de cardinal paraissent s'éloigner de plus en plus. Son ambition, dit-on, est de retourner à Rome au cas qu'on en rappelle Mr de Polignac ([3]), pour y reprendre les fonctions qu'il y a déjà exercées; il compte beaucoup sur ses intrigues dans cette cour et sur les habitudes qu'il y a formées.

Voici l'oraison funèbre de Mr le cardinal Le Camus que vous avez désirée : c'est la seule copie qui s'en est trouvée dans cette ville, où cette pièce a été fort négligée; elle est même si pleine de fautes, qu'il faudra la lire avec beaucoup d'attention pour en pouvoir faire quelque usage. Le goût que vous avez pour tout ce qui nous reste de ce fameux cardinal m'a fait surmonter la peine que je me faisais de vous l'envoyer en cet état.

On a fait parler dans le monde d'une autre consultation des avocats, du même goût que celle que vous avez vue : on a dit que Mr de Cambray ([4]) et Mr de Soissons ([5]) s'étaient mis en devoir de la combattre et d'en relever les fautes. Mr l'abbé Tricaud est plus à portée que je ne suis de savoir ce qui se fait là-dessus : il ne manquera pas de vous instruire de tout ce qu'il en pourra apprendre sur l'avis que je lui en donnerai.

Je ne puis finir sans vous remercier du plaisir que m'a

causé le renouvellement d'un commerce que vous me faites espérer de pouvoir continuer avec Votre Excellence. Je serais inconsolable si j'en étais privé désormais : il me fait trop d'honneur et de plaisir pour ne pas tâcher de mériter auprès de vous cette marque de faveur et de bienveillance. On ne peut y être plus sensible ni plus rempli des sentiments d'estime et de vénération avec lesquels j'ai l'honneur d'être, de V. Ex., Monseig^{r}, *etc.*

(¹) Ms. de M. de Bouffier, n° 14. Réponse à la lettre IX.

(²) Imprimeurs de l'*Histoire de Dauphiné* de Valbonnais (1721-2) ; voir pour de nouvelles relations les lettres XL et XLV.

(³) Melchior de Polignac, né en 1661, ambassadeur en Pologne (1693), plénipotentiaire en Hollande (1710), cardinal (1712), chargé d'affaires de France à Rome (1724-32), archevêque d'Auch (1726), membre des Académies Française, des Sciences et des Inscriptions, mort le 20 nov. 1741. Voir les lettres XXI, XXII, XXV et XXVII.

(⁴) Charles de Saint-Albin, archevêque, 17 oct. 1723-9 mai 1764.

(⁵) Jean-Joseph Languet de Gergy, évêque, 23 juin 171[illegible]-déc. 1730.

XVII.

Lettre de Mgr l'archevêque d'Ephèse, nonce à Lucerne (¹).

A Altorf, le 25 avril 1728.

Monsieur, est-il possible que vous et M^{r} l'abbé Tricaud m'ayez rendu si peu de justice que de croire que j'aye pu vous oublier? Il est vrai que la quantité d'affaires dont j'ai été accablé pendant quelques mois, m'a contraint de suspendre tout commerce avec mes plus intimes amis, au nombre desquels vous serez toujours; mais les dernières lettres que j'ai envoyées au même Mr Tricaud, par la voie des frères de Tournes, marchands libraires à Genève, ont dû vous assurer que je ne cesserai jamais d'aimer votre personne et d'estimer au-delà de toutes choses l'honneur de votre commerce. Ainsi, Monsieur, ce serait moi qui aurait sujet de me plaindre, puisque depuis le concile d'Embrun je n'ai point reçu les deux paquets que vous me dites avoir adressés à Mr Tricaud, dans lesquels étaient votre lettre pour M. Eccard et la copie de celle de M^{r} le cardinal de Rohan : cependant il n'y a personne au monde qui désire aussi passionnément que moi d'avoir souvent de vos nouvelles.

Quant à Mr Eccard, il y a longtemps que je n'ai point eu de ses lettres. Tout ce que je sais sur ce qui le regarde, c'est que Mr l'évêque de Wurtzbourg, son prince, vient de mourir (²) : cette mort m'a été très-sensible, non-seulement parce que c'était un prélat très-porté pour la religion et pour les sciences, mais qui, aimant très-particulièrement Mr Eccard, pouvait lui fournir tous les secours qu'il ne trouvera peut-être point dans le successeur de cet évêque.

Je vous embrasse tendrement, Monsieur, et, vous conjurant de vous souvenir des demandes que je vous ai faites des lettres écrites par l'abbé de la Trappe (³) à Mr le cardinal Le Camus, je suis aussi inviolablement que distinctement tout à vous, et j'ose dire plus qu'à moi-même, et c'est du meilleur de mon cœur.

(¹) Ms. de M. de Bouhier, n° 30. Réponse à la lettre XII.

(²) Christophe-François DE HUTTEN, évêque de Wurtzbourg, mourut le 25 mars 1729 et fut remplacé, le 18 mai, par François-Charles comte de Schonbourg.

(³) Dom Armand-Jean le Bouthillier DE RANCÉ, né en 1626, fit profession en 1664 et réforma l'abbaye de la Trappe ; il mourut le 26 oct. 1700.

XVIII.

Lettre de Mgr l'évêque et comte de Valence (¹).

28 avril 1729.

Monsieur, agréez que j'aye l'honneur de vous faire part du petit discours que j'ai eu occasion de faire en bénissant les drapeaux du régiment du Maine. Accoutumé que vous êtes aux meilleures choses, je ne sais si vous le trouverez bien digne de votre goût ; mais j'aurai, Monsieur, tout ce que je désire s'il peut vous convaincre du moins des sentiments d'attachement, d'estime et de respect avec lesquels j'ai l'honneur d'être, Monsieur, votre, etc.

(¹) Ms. de M. de Bouhier, n° 15. — Alexandre MILON, nommé à l'évêché de Valence le 31 mars et sacré le 31 mai 1726 ; mort le 11 oct. 1771, laissant les pauvres de Valence ses héritiers : *vivens alui pauperes, moriens heredes feci*.

XIX.

Réponse de M. le premier président (¹).

30 avril 1729.

Monseigneur, on ne peut être plus flatté que je le suis de m'avoir fait part du discours que vous venez de composer. Il a toute la justesse et toute la dignité que demandaient le lieu et l'occasion : en donnant tout le prix aux vertus humaines, vous avez été également soigneux de conserver à la religion tous les droits qui lui sont dus. Ce sera un modèle à l'avenir pour remplir dignement de pareilles cérémonies. Je ne puis assez vous remercier de m'avoir fait ce présent ; j'y suis sensible comme je le dois, vous honorant au point que je le fais et étant avec toute la vénération et le respect possible, Monseigneur, etc.

(¹) Ms. de M. de Bouffier, nº 18. Réponse à la précédente.

XX.

Lettre de M. le président Bouhier (¹).

A Dijon, 30 avril 1729.

M. Bret, Monsieur, l'un des agrégés en notre université et fils du doyen de nos professeurs, va solliciter un procès qu'a Mr son frère au Parlement de Grenoble. Comme j'ai pour Mr son père et pour lui une considération très-parfaite et que ce sont des personnes de mérite, permettez-moi de vous supplier de leur rendre tous les bons offices qui dépendront de vous. Je suis persuadé que leur cause est fort bonne, mais une recommandation comme la vôtre ne saurait manquer de la faire regarder d'un œil encore plus favorable. Je profite avec plaisir de cette occasion pour me renouveler en l'honneur de votre souvenir, et pour vous assurer du respect sincère avec lequel j'ai l'honneur d'être, Monsieur, votre très-humble et très-obéissant serviteur.

(¹) Ms. de M. de Bouffier, nº 19.— Jean BOUHIER, né en 1673, conseiller au Parlement de Dijon en 1692, président à mortier en 1704, membre de l'Académie française en 1727 ; il mourut dans les bras de la religion le 17 mars 1746. Sa vaste érudition s'étendait aux sujets les plus divers, et la splendide bibliothèque que six générations avaient enrichie s'accrut beaucoup par ses soins (elle fut achetée en 1781 par l'abbaye de Clairvaux : *Catal. des Mss. des biblioth. des départ.*, t. II, avert.). Sa correspondance littéraire (à la biblioth. impér.) est un recueil précieux, d'où J. Ollivier a extrait 15 lettres de Valbonnais et 2 de lui.

XXI.

Lettre de Monsieur à Mgr le nonce de Lucerne (¹).

A Grenoble, le 28 mai 1729.

Je n'ai point de termes assez vifs, Monseigneur, pour marquer à votre Excellence les sentiments de reconnaissance dont m'a pénétré sa dernière lettre. Je suis à couvert pour jamais des alarmes que pourrait me causer l'interruption d'un commerce que je cultive avec tant de plaisir : je n'aurai besoin pour me rassurer que de me rappeler les termes obligeants dont votre lettre est remplie, et qui marquent une bonté et une cordialité que j'aurai toujours fortement dans le cœur.

J'ai bien du regret que la réponse que j'avais eu l'honneur de vous adresser pour M. Eccard n'ait pu parvenir jusqu'à votre Excellence. Vous aviez trouvé bon que je répondisse par une lettre en français aux marques d'honnêteté que j'en avais reçues : cela était fort dans l'ordre, et j'avais prié Mr l'abbé Tricaud d'apporter son exactitude ordinaire pour vous la faire tenir au plus tôt. Je ne sais comment cela a manqué et à quoi on doit l'attribuer, sans qu'il reste aucune espérance qu'elle puisse désormais vous être rendue, vous ayant été (envoyée) dès le mois de juillet passé. Mr l'abbé (Tricaud) attribue cette faute aux libraires de Genève, accusant leur négligence dont il leur sait assez mauvais gré. J'ai fait partir il y a environ trois semaines un paquet pour votre Excellence, où elle trouvera une oraison funèbre de Mr le cardinal Le Camus, que j'ai été longtemps à recouvrer et dont même je n'ai pu avoir qu'une copie fort défectueuse. Votre Excellence aura besoin de toute sa pénétration pour la pouvoir déchiffrer.

L'affaire survenue à Mr l'archevêque d'Embrun fait beaucoup de bruit dans le monde; je ne doute pas qu'elle (V. Exc.) n'en ait appris le détail par la voie de Rome. Le dessein de ce prélat était de causer quelque brouillerie entre votre Cour et celle de France. Les intrigues qu'il a pratiquées pour venir à cette fin ont été découvertes par le cardinal de Polignac, qui s'est trouvé assez mal disposé pour lui et qui n'a pas manqué d'en faire part aussitôt aux ministres de France, parmi lesquels on trouve une conduite si sage et si judicieuse: le fameux cardinal qui nous gouverne donnant tous les jours plus de sujet à tout le royaume de se louer de son administration. Mr l'archevêque d'Embrun, pour pousser jusqu'à la fin l'artifice dont il avait usé, nia à cette Eminence, qui feignait de l'ignorer, qu'il eût jamais rien écrit au pape touchant l'affaire dont on lui parlait; il fallut, pour l'en convaincre, lui mettre devant les yeux l'original de la lettre même, où il s'était expliqué en termes fort clairs. On a cru ne le pouvoir punir autrement qu'en lui ordonnant de sortir de Paris et de se retirer dans sa province, où il est présentement dans une terre de sa sœur ([1]), pour passer de là dans son diocèse. Tout Paris s'est élevé avec indignation contre son concile d'Embrun, qui n'est point du goût de la nation et dont il s'est rendu lui-même le solliciteur, comme on a découvert par quelques lettres qui ont paru dans le public. J'ai cru, m'ayant demandé quelques fois des nouvelles de sa conduite, que vous ne seriez pas fâché de savoir ce détail: rien ne saurait m'être plus sensible que les occasions de vous faire plaisir, et de vous convaincre par toutes sortes de voies qu'on ne peut vous être plus dévoué et que personne n'est avec un attachement plus fidèle et plus respectueux, votre, etc.

P.-S. — Dans l'*Histoire de l'Académie des Belles-Lettres*, t. I, p. 212, on trouve une inscription fameuse sur laquelle plusieurs antiquaires se sont exercés pour en découvrir le sens. Mr de Boze, secrétaire perpétuel de cette Académie et l'un des plus honnêtes hommes et des plus éclairés qui soient dans le royaume, a fait quelques conjectures sur cette inscription, qui ont été insérées dans ce volume ([2]): elles ne sont pas tout à fait du goût de tous ceux qui les lisent. J'ose dire que j'ai été de ce nombre; j'ai mis sur le papier les changements qu'on devait faire dans cette explication pour lui donner un nouveau jour et la rendre plus plausible. Je me serais hasardé à vous l'envoyer, si j'avais cru qu'elle pût mériter votre curiosité ainsi que celle de Mr Eccard, lorsqu'il aura rétabli le commerce qu'il avait l'honneur d'entretenir avec vous; mais je ne sais si les affaires importantes que vous avez maintenant vous permettraient de vous occuper d'un si petit sujet.

(¹) Ms. de M. de Bouhier, nº 21. Réponse à la lettre XVII.
(²) Claudine-Alexandrine Guérin de Tencin, 1681-1749, « femme célèbre par son esprit philosophique et les dérèglements de ses mœurs ».
(³) Voir, sur cette inscription relative à l'empereur Albinus, les lettres XXIII, XXV, XXVI et XXVII.

XXII.

Lettre de M. le nonce de Lucerne (¹).

A Altorf, 30 mai 1729.

Monsieur, devant être assuré de mon estime la plus singulière et de mon amitié la plus intime, vous ne pouvez me rendre justice et vous inquiéter sur quelques mois de silence; car dans un ministère tel que le mien, où les voyages et les affaires consument les trois quarts du temps, on ne saurait être aussi exact que je voudrais l'être avec ses amis. Cependant je vous suis très-obligé, Monsieur, des alarmes que vous m'assurez avoir eues, et j'impute toutes vos frayeurs aux sentiments de bonté que vous avez pour moi; je ne négligerai rien à l'avenir pour entretenir un commerce aussi avantageux que m'est le vôtre, et vous pouvez compter sur tout mon empressement à cultiver votre amitié.

Votre lettre, Monsieur, pour Mr Eccard n'est point venue jusqu'à moi : je l'attendais toujours, mais inutilement, pour écrire à ce savant. Si vous prenez la peine d'en écrire une autre, je ne manquerai point à ce que je dois en cette occasion; vous pouvez toujours adresser les vôtres à Mr l'abbé Tricaud, auquel je mande la manière qui me semble la plus sûre et la plus convenable pour me les envoyer ici. Je ne suis pas plus satisfait que vous des sieurs Fabri et Barrillot, et leur négligence est trop grande pour nous servir plus longtemps d'eux les uns et les autres.

Combien d'actions de grâces ne dois-je pas vous rendre de l'oraison funèbre de Mr le cardinal Le Camus! C'est une faveur que je ressens d'autant plus vivement que tout ce qui concerne ce grand prélat m'est infiniment cher et que d'ailleurs ce présent me vient de votre main.

A l'égard de Mr l'archevêque d'Embrun, il y a longtemps que je sais qu'il fait tout son possible pour retourner à Rome; mais on m'a mandé aussi autrefois de ce pays-là que quelques cardinaux, mécontents de lui, tâchaient de l'en empêcher. Aussi est-il certain que, de la façon dont on le dépeint, il aura toutes les peines du monde à se résoudre de vivre dans l'enceinte de son évêché. La vie de la Cour est toute différente de celle de la résidence, et rien n'est plus contraire que le travail aux plaisirs et que les vertus épiscopales aux intrigues politiques : on passe difficilement d'un état à l'autre. D'ailleurs, le cardinal de Polignac, à ce que je m'imagine, n'est pas d'humeur à quitter Rome pour s'en aller à Auch : ainsi tout cela pourrait renverser les projets de votre archevêque. Vous me ferez plaisir de m'apprendre tout ce qui viendra à votre connaissance sur son sujet.

Je n'ai point vu cette seconde consultation des avocats, de laquelle vous me parlez; si elle tombe entre vos mains, je vous prie de me la procurer : j'ai fait un recueil de ces sortes de pièces, auquel manque celle-ci.

Continuez-moi, je vous en conjure, vos nouvelles; elles me sont plus agréables que je ne saurais vous dire. Nous n'avons rien ici qui soit digne de vous être mandé, si ce n'est que Mr le docteur Scheuchzer, à Zurich, fait graver plusieurs planches où seront plusieurs alphabets du goût de celle-ci : le tout sera accompagné de ses notes; cet ouvrage diplomatique sera bien reçu des véritables savants (³).

Je suis, Monsieur, inviolablement et très-distinctement, sans réserve, etc.

(¹) Ms. de M. de Bouffier, n° 22. Réponse à la lettre XVI.

(²) Cet ouvrage in-fol. de J.-J. Scheuchzer et J. Lochmann avait paru à Francfort-sur-le-Mein en 1728 : *Alphabeta ex diplomatibus et codicibus Thuricensibus* ; l'édition de Zurich (Tiguri) est de 1730.

XXIII.

Autre lettre du même nonce.

A Altorf, le 13 juin 1729.

Monsieur, il me faudrait à moi-même des expressions plus vives et plus fortes pour vous faire sentir la joie dont m'a rempli la dernière lettre que vous m'avez fait l'honneur de m'écrire le 28 mai; mais mon exactitude à y répondre aussitôt suppléera au défaut de mes paroles et vous convaincra, mieux que toute autre chose, du plaisir que je goûte dans votre entretien et de la crainte que j'aurais de m'en voir privé, si vous n'aviez la bonté de m'assurer vous-même que notre commerce, qui est pour moi si avantageux, ne vous est pas désagréable.

J'ai bien du regret que votre lettre pour Mʳ Eccard se soit égarée : je l'attendais toujours pour l'envoyer à ce savant, duquel je n'ai reçu aucunes nouvelles il y a très-longtemps. Si Mʳ l'abbé Tricaud fait auprès des libraires de Genève, auxquels il avait adressé le paquet, toutes les diligences dont je l'ai prié, peut-être la recouvrerons-nous; mais, quoi qu'il en arrive, si vous voulez prendre la peine d'écrire une seconde lettre à Mʳ Eccard, je la lui ferai parvenir et je m'en servirai même pour renouer notre commerce, qui semble avoir été interrompu.

Dans la dernière lettre, Monsieur, que je vous ai écrite, je n'ai point manqué de vous informer que j'avais reçu l'oraison funèbre de Mʳ le cardinal Le Camus, et de vous en rendre mes actions de grâces; je vous les réitère encore aujourd'hui, en vous priant d'être persuadé que je suis très-sensible à ce présent.

L'affaire survenue à Mʳ l'archevêque d'Embrun est fâcheuse pour ce prélat. On ne m'en a rien mandé de Rome; mais, sur ce que vous m'en dites, j'ai écrit à un ami pour en avoir des informations. En attendant, je serais curieux de savoir quelles intrigues on accuse Mʳ Tencin d'avoir pratiquées pour brouiller votre cour avec la nôtre, et ce que contenait la lettre originale qui lui a été mise devant les yeux. Peut-être, Monsieur, êtes-vous instruit de tout cela et, si vous pouvez me le communiquer, vous m'obligerez beaucoup ; je serai même bien aise d'apprendre quelles suites aura cette affaire, et vous serai très-redevable de la complaisance que vous aurez de m'en faire part.

Quelque accablé que je sois des affaires de mon ministère, je saurai toujours trouver des moments pour lire les observations que vous aurez faites sur l'inscription d'Albin, de laquelle vous me parlez, et sur l'explication de Mr de Boze. Je ne puis me délasser ni me divertir plus agréablement qu'en lisant des ouvrages écrits de votre main, et surtout en cette matière pour laquelle j'ai toujours eu de l'inclination. Je communiquerai d'ailleurs vos remarques à M. Eccard, qui entend à fond les choses et dont le goût vous est connu sur ces sortes de sujets.

J'ai vu dans le *Journal des Savants* de l'année 1687 que le père Bernard, de l'Oratoire, avait fait imprimer en 20 planches in-folio en votre ville l'*Apparatus ad Biblia sacra* ([1]). J'ai cet ouvrage vélin de trois éditions différentes ; mais je voudrais savoir si les tables ou planches de celle-ci sont séparées, en sorte qu'on puisse les attacher dans une chambre de la façon qu'on y pend les cartes de géographie. C'est, Monsieur, ce qu'il vous sera aisé d'apprendre de vos Pères de l'Oratoire; et, au cas que ces planches soient de la manière que je viens de décrire, vous me feriez une très-grande grâce de m'en acheter un exemplaire : M. l'abbé Tricaud, à qui vous feriez tenir ces cartes sur un bâton et bien couvertes de toile cirée, aurait l'attention de vous rembourser exactement ce que vous auriez avancé à cet effet.

Conservez-moi, Monsieur, votre précieuse amitié, ne doutez point de la mienne la plus intime, et faites-moi la justice de croire que je serai toute ma vie, sans compliment et sans réserve, plus à vous qu'à moi-même du meilleur de mon cœur.

([1]) Ms. de M. de Bouhier, nº 24. — Réponse à la lettre XXI.

(*) L'auteur de cet ouvrage est le P. Bernard Lami (voir lettres XXV et XXVIII), né en 1645; son zèle pour le Cartésianisme le fit reléguer, en 1675, à Saint-Martin-de-Miséré en Dauphiné, d'où le cardinal Le Camus le tira au bout de 18 mois pour enseigner la théologie dans le séminaire de Grenoble; il le nomma son grand-vicaire et l'emmena dans ses visites pastorales; c'est lui qui procura l'abjuration du ministre de Grenoble Vignes, en 1681. Appelé deux ans après au séminaire de Saint-Magloire de Paris, il dut se retirer, en 1689, à Rouen, où il mourut le 29 janv. 1715. Les trois éditions de son *Apparatus*, que possédait le cardinal Passionei, étaient sans doute celles de Lyon (1696, in-8°), Mayence (1708) et Lyon (1723, in-4°); elles avaient été précédées de celle de Grenoble (1687, in-f°).

XXIV.

Lettre de Monsieur à M. l'abbé Tricaud (¹).

Du 23 juin 1729.

J'ai reçu, Monsieur, votre lettre du 10 juin avec celle de M. le nonce de Lucerne qui y était jointe. J'ai été ravi d'y trouver des marques aussi obligeantes de son souvenir pour vous et pour moi : je ne souhaiterais rien tant que de les pouvoir mériter par tout ce qui peut lui être agréable. J'ai été assez heureux pour recouvrer l'oraison funèbre de M. le cardinal Le Camus, que je lui ai envoyée. Je n'ai pas la même espérance pour les livres qu'il me demande de M. l'abbé de la Trappe et pour les réponses de ce cardinal : les aumôniers qu'il avait lorsqu'il est mort en ont égaré une partie et on ne sait depuis ce qu'elles sont devenues. L'alphabet que M. le nonce m'envoie est encore une énigme pour moi : ce ne sera guère qu'à la faveur du discours qui doit l'éclaircir que j'en pourrai tirer quelque usage; c'est dans ce temps-là que je tâcherai d'en avoir une copie exacte et précise, dont je serai ravi de vous faire part. Je fais chercher le livre de M. de Boissieu (²), sans l'avoir pu encore trouver : je ne désespère pourtant pas d'en pouvoir découvrir quelque exemplaire. Cet ouvrage, qui est fait pour l'usage de la province et qui promet d'expliquer les droits seigneuriaux et les coutumes qui s'y observent, ne répond point à cette idée : il contient les usages de diverses autres provinces; les sentiments des docteurs qui ont parlé de ces coutumes y sont souvent cités, mais on n'y traite que fort légèrement ce qui s'observe en Dauphiné et souvent d'une manière qui n'éclaircit point les doutes qu'on peut avoir sur diverses questions. Cet ouvrage, pour tout dire, est fort imparfait et mériterait d'être refondu : un de nos maîtres des comptes, qui est mort depuis peu de temps, en avait le dessein et aurait pu y réussir s'il s'y était bien appliqué, ayant assez de lumières et de connaissances pour cela ; en l'état où il se trouve à présent, on ne le peut regarder que comme un essai qui a besoin de supplément et d'être éclairci en même temps sur bien des endroits. Je ne laisserai pas de le chercher partout et de vous l'envoyer si je le puis trouver.

M. le nonce ne se plaint pas moins que vous de nos libraires de Genève. Je me dispose d'envoyer une autre lettre pour M. Eccard, pour remplacer celle qui n'a pas été rendue. C'est une vieille dette dont il a répondu et que je me mettrai en devoir d'acquitter pour le satisfaire. Voilà bien des trésors que vous m'annoncez de sa part : je les recevrai avec empressement. Je prierai les Cordeliers ou les Minimes de Lyon, au défaut des Chartreux, de me les faire tenir par quelque commodité, lorsque je saurai que vous les avez reçus. J'ai compris qu'il fallait payer le port des lettres que je lui écrivais sous l'adresse de M. le résident : elles ont été rendues par cette voie fort exactement. Si ce n'est pas celle qu'il faut tenir, faites-moi la grâce de me le mander. Il m'écrit, au surplus, comme vous l'avez pu voir dans la lettre, qu'il a pris avec vous des mesures fort justes pour lui faire tenir tout ce qu'on voudra lui envoyer.

Je finis en vous priant toujours de m'honorer de votre amitié, dont je fais un cas infini, étant avec autant de considération et de respect, Monsieur, etc.

(1) Ms. de M. de Bouffier, n° 22.

(2) Malgré le jugement sévère de Valbonnais, il ne peut s'agir ici que de l'ouvrage de Denis de SALVAING DE BOISSIEU, président de la chambre des comptes de Dauphiné de 1639 à 1674, intitulé : *De l'usage des fiefs et autres droits seigneuriaux*, etc., dont deux éditions avaient paru à Grenoble, 1664, in-8°, et 1668, in-fol.

XXV.

Réponse de Monsieur aux deux lettres précédentes (1).

A Grenoble, ce 1er juillet 1729.

Je viens de recevoir, Monseigneur, deux lettres de votre Excellence qui me dédommagent bien de l'inquiétude que m'avait causée votre silence. On y sent la politesse et l'agrément que vous savez mettre dans tout ce qui part de vos mains ; en un mot, elles réparent bien avantageusement toutes mes pertes. Je serais fort injuste et fort indiscret si je n'entrais dans les raisons qui vous dispensent de la régularité d'un commerce tel que celui que vous me permettez d'avoir avec vous. Je n'ignore pas les engagements d'un ministère comme le vôtre et les fonctions importantes qui en sont inséparables. Je suis trop heureux de recevoir de temps en temps quelques marques qui me rassurent de la crainte où je pourrais être de n'avoir plus de part dans l'honneur de votre souvenir : mais je n'ai plus rien à désirer, puisque vous voulez bien satisfaire sur cela la délicatesse de mes sentiments.

J'ose espérer qu'une seconde lettre à Mr Eccard lui fera excuser la négligence de nos correspondants de Genève. Je joins ici celle que je lui écrivais l'année dernière qui, soutenue d'un témoignage comme le vôtre, me justifiera pleinement sur la faute qu'il pourrait m'imputer de n'avoir pas répondu aux marques d'estime dont il avait bien voulu me prévenir.

Je vous rends un million de grâces des caractères qu'un savant de Zurich a trouvé bon de faire graver pour illustrer davantage la diplomatique du moyen-âge. Je n'ai pas encore eu le temps de les bien reconnaître ; je compte d'en pouvoir faire quelque usage pour les actes anciens qui se présentent tous les jours : un pareil alphabet ne pourra manquer de m'être fort utile, surtout après l'avoir conféré avec les règles qu'a données là-dessus le père Mabillon (2).

Un de mes amis, qui a quelque goût pour les monuments anciens, s'est inscrit en faux contre celui qu'on trouve dans le Ier livre des *Mémoires de l'Académie des Belles-Lettres*, au sujet de l'empereur Albin après la victoire qu'il remporta sur les généraux de Septime-Sévère aux environs de Lyon. M. de Boze, secrétaire perpétuel de cette Académie, ne paraît pas être de cet avis ; il a prétendu en découvrir le sens, suivant l'explication qu'il en donne dans le même endroit. Il ne m'a pas paru que son sentiment fût hors d'atteinte et ne pût recevoir une explication plus naturelle que celle qu'il lui donne. Je suis toutefois bien éloigné de croire que l'inscription soit fausse, comme a fait cet ami dont je vous parle, appuyé de l'avis de Mr Spon ([3]) et du père Ménestrier ([4]). J'ai donné sur cela mes conjectures dans une lettre que j'ai adressée à M. le président Bouhier pour savoir ce qu'il en pense. Je me serais fait quelque peine d'exposer à vos lumières un sujet si peu digne de son attention : c'est un effet des bontés ordinaires de votre Excellence de vouloir que je lui en fasse part. Je mets ici la lettre entière que j'écris à Mr le président, afin que vous soyez plus en état d'en juger. Voyez le *Registre de littérature*, 12 juin 1729 ([5]).

Quant au prélat dont vous désirez savoir des nouvelles, je vous dirai qu'il est ici depuis quinze jours, d'un air fort gai et fort rassuré en apparence, qui ne marque rien moins qu'une disgrâce : il est tous les jours avec ses amis et ses parents, buvant et mangeant avec eux, et jouissant comme Marius des dieux irrités contre lui. Ce qu'il y a de certain, c'est qu'il a eu ordre de sortir de Paris et de se retirer dans son diocèse : le sujet n'en est pas bien connu ; ce qu'on en sait toutefois se réduit à ceci, suivant plusieurs lettres venues de Paris. Pour vous mettre entièrement au fait et répondre au désir que vous témoignez d'en savoir des nouvelles précises, je rappellerai ici la copie d'une lettre qui a donné lieu à cet incident ; ce prélat avait écrit en ces termes à Mr le cardinal de Fleury : « 27 février 1729. Mon-
» seigneur, le voyage de votre Eminence à Marly me prive
» de la consolation d'aller lui communiquer mes alarmes.
» Mais ses bontés pour moi m'autorisent à lui écrire avec
» confiance, et l'occasion qui se présente semble m'en don-
» ner un droit particulier. Il s'agit du bien de la Religion,
» dont les intérêts vous sont si chers, Monseigneur, et de

» l'autorité épiscopale, dont vous faites gloire de respecter
» les droits. Le Parlement a voulu supprimer par arrêt
» une thèse où la Constitution est qualifiée règle de foi.
» Je sais que V. E. a arrêté cette entreprise par sa pru-
» dence et par son zèle; mais on assure aujourd'hui dans
» le public et des personnes dignes de croyance le con-
» firment, que le Parlement a inséré dans ses registres un
» arrêt par lequel il semble faire grâce à la thèse par pure
» obéissance aux ordres du roi. S'il était vrai que le Par-
» lement eût pris ce parti, il est visible qu'il s'arrogerait
» le droit de décider ce qui est règle de foi, et qu'il s'éri-
» gerait en juge de ce qui appartient uniquement au
» dogme. Une pareille entreprise serait d'une dangereuse
» conséquence, quand même il serait encore douteux si la
» Constitution est règle de foi ou non, parce que, même
» dans ce cas, ce ne serait pas à des laïques à le décider,
» mais aux évêques seuls, à qui le dépôt de la foi a été
» confié. Je pourrais ajouter, Monseigneur, des représen-
» tations sur les expressions dont on s'est servi à l'égard
» du concile d'Embrun et que Mrs les gens du roi ne ces-
» sent d'employer tous les jours. Mr le premier président
» se vante d'avoir écrit à V. E. qu'après ce concile rien
» n'était plus capable de mettre le feu dans le royaume
» que la thèse en question. Les préjugés du Parlement sur
» l'affaire de la Constitution ne nous ont pas laissé espérer
» son suffrage, mais il est étonnant qu'ils osent manquer
» à l'obéissance qu'ils doivent au roi en blâmant un con-
» cile dont la conduite a mérité l'approbation de Sa Ma-
» jesté. Voilà, Monseigneur, les réflexions que, comme
» évêque et comme homme qui vous est particulièrement
» dévoué, j'ai cru devoir communiquer à V. E. Je suis, etc.»
J'ai cru qu'il était nécessaire que vous la puissiez voir pour en peser tous les termes. Mr le cardinal, dont nous avons lieu d'admirer en toutes occasions la sagesse et l'équité, ne lui conseilla pas de rendre publique une lettre si pleine de termes durs et choquants contre une compagnie si respectable. On assure que cet archevêque, jaloux de son concile et de tout ce qui peut y avoir quelque rapport, ne trouva pas à propos de s'en tenir à un avis aussi judicieux; on pré-

tend qu'il écrivit sur cela une lettre au pape (6) pour l'informer de ce détail. Par malheur elle n'alla pas en droiture à sa Saintelé : s'étant trouvée dans le paquet des nouvelles de France, elle fut remise à Mr le cardinal de Polignac qui, n'étant pas fort des amis du prélat, jugea à propos de ne la pas rendre sans en avoir su la teneur. Voyant les conséquences qu'elle pourrait avoir, il se crut obligé d'en faire part au premier ministre de France et de l'instruire de toute cette manœuvre. Ce fut à cette occasion que Mr le cardinal, ayant fait dire à ce prélat qu'il désirait de lui parler, commença par lui demander s'il avait communiqué à Rome le contenu de la lettre qu'il lui avait écrite; mais croyant d'avoir pris des mesures assez justes pour la faire tenir en droiture, il osa assurer qu'elle n'était point sortie de ses mains : il ne fut pas médiocrement surpris de se voir convaincu du contraire, par la représentation que lui fit Mr le cardinal de l'original qu'il avait envoyé à Rome. Vous pouvez juger des suites et de la confusion où il fut de ne pouvoir trouver d'excuse raisonnable pour se tirer de l'embarras où il s'était mis : c'est là, dit-on, la source de tout ce qui s'est répandu sur son compte. On a fort approuvé le parti modéré qu'a pris Mr le cardinal, de l'éloigner simplement de la cour sans y ajouter d'autre mortification, qu'une conduite aussi singulière aurait pu lui attirer. Voilà proprement le fond de l'affaire, dont toutes les autres particularités ne sont pas encore venues à la connaissance du public : si je les puis apprendre, vous en serez également informé. Rien ne saurait me faire tant de plaisir que de pouvoir vous donner des marques de mon empressement pour tout ce qui peut vous être agréable, ne souhaitant rien tant que de vous convaincre parfaitement du respect et de l'attachement inviolable avec lequel je suis, de votre Excellence, Monseigneur, le très-humble et très-obéissant serviteur. VALBONNAYS.

P.-S. — Je me fais un véritable plaisir, Monseigneur, d'avoir eu le bonheur de trouver chez les Pères de l'Oratoire les 20 feuilles que vous souhaitez d'avoir de l'*Apparat* du père Lamy (7) : ce sont celles précisément que vous désignez dans votre lettre et qui peuvent être mises séparément dans une chambre comme des cartes de géographie. L'impression en a été faite en cette ville en l'année 1687, auquel temps le P. Lamy était un de ceux que Mr le cardinal avait appelés auprès de lui pour la conduite de son séminaire. Je formai dès lors quelques habitudes avec lui, sans avoir eu depuis de commerce réglé qu'à l'occasion de quelques voyages que j'ai pu faire à Paris dans cet intervalle. Il avait choisi sa demeure à Rouen dans ses dernières années; il avait coutume de venir deux fois tous les ans visiter son libraire à Paris, en lui fournissant toujours quelques nouvelles productions de sa façon ; car sa démangeaison était d'enfanter un volume tous les ans sur quelque matière que ce pût être : ce qui lui était indifférent pourvu qu'il satisfît à cette tâche, sans se mettre fort en peine si l'ouvrage serait bien reçu. Je l'ai vu pour la dernière fois en 1711; son projet était alors de donner au public une description exacte du temple de Salomon, ornée de planches : le libraire était un peu rétif sur les frais excessifs où il craignait de s'engager. Je n'en n'ai pas su les succès (8); je sais seulement qu'il mourut l'année d'après. Je profiterai de la première commodité pour envoyer ces feuilles à Mr l'abbé Tricaud, après lui avoir recommandé de vous les faire remettre par la voie la plus sûre.

(1) Ms. 580 de la biblioth. de Lyon, fol. 42 : « Copie de lettre écrite à M. Passionei, nonce du pape en Suisse » ; Ms. de M. le Bouffier, n° 25 (sans le P.-S.) Réponse aux lettres XX et XXIII.

(2) *De re diplomatica libri VI* (Paris 1681, in-fol. ; etc.).

(3) *Recherches des antiquités et des curiosités de la ville de Lyon* (1673, in-8°).

(4) *Histoire civile et consulaire de la ville de Lyon* (1696, in-fol.)

(5) Cette lettre ne figure pas dans la correspondance de Valbonnais au président Bouhier publiée par J. Ollivier.

(6) Benoît XIII, 4 juin 1724-21 févr. 1730.

(7) Voir la note 2 de la lettre XXIII.

(8) Fruit de trente ans de travail, cet ouvrage avait alors paru, bien qu'après la mort de l'auteur (par les soins du P. Desmolets), sous le titre : *De tabernaculo Fœderis, de sancta civitate Jerusalem et de templo ejus libri VII* (Paris, 1720, in-fol.). Voir la let. XXVII.

XXVI.

Lettre à M. de La Bastie (1).

J'ai reçu, Monsieur, par M. le prieur de Montjay (2) le recueil des inscriptions de Mr Lancelot, que vous aviez désiré de voir. J'y ai trouvé plusieurs remarques que vous y avez faites sur quelques endroits négligés, auxquels Mr Lancelot n'a pas donné toute son attention. Telle est l'inscription de la ville de Comminges sur les années de l'empire de Tibère, où vous prétendez qu'il a fait une faute et qu'il devait plutôt (voir) les années de Claude, qui avait été véritablement proclamé vingt-six fois empereur, ce qui ne convenait nullement à Tibère. On peut vous dire là-dessus que Mr Lancelot n'a pas eu en vue de marquer les différentes années où Tibère a reçu le titre d'empereur : il s'est seulement proposé de marquer les années de son règne, à commencer à l'année de son adoption. On peut d'autant moins douter qu'il n'ait eu cette intention, que la dernière de son empire se rapporte exactement à la 5e de son consulat, qui tombe précisément à l'année 784, qui est celle qu'il a marquée. Mais, sans entrer dans tous les autres détails de ce recueil, à qui vous avez donné tout le jour qu'on peut désirer, je reviens à l'inscription trouvée à Lyon, sur laquelle j'avais envoyé mes réflexions à Mr le président Bouhier. Je ne puis mieux répondre à votre lettre qu'en vous faisant part de la sienne, dont je vous envoye ici l'original, que je vous prie de me rendre quand vous l'aurez lue : elle vous mettra au fait de toutes les difficultés qui se sont présentées sur cette matière. Il y examine l'explication que j'avais donnée sur la dernière victoire d'Albin, qui lui avait fait prendre le titre d'Auguste : c'est sur quoi il n'a pas cru devoir se conformer au sentiment que j'avais avancé et qui paraît être pareillement celui de M. de Boze. Vous aurez le plaisir de discuter les raisons qu'il y oppose. On ne peut pas douter qu'il n'ait traité le sujet avec beaucoup d'érudition et une parfaite connaissance de l'antiquité : peu s'en faut que je ne sois entré dans sa pensée. J'ai mis toutefois sur le papier les doutes qu'on peut former sur ses conjectures : ils pourront peut-être lui donner lieu de répandre sur cela de nouvelles lumières ; ce sera une occasion à exercer votre pénétration.

Je regrette de plus en plus le séjour que vous faites à la campagne, qui nous prive du plaisir de pouvoir conférer avec vous sur tant de sujets qui se présentent tous les jours dignes de votre curiosité et de vos recherches. Mr de Bourchenu croit que, quand vous y aurez bien pensé, vous serez persuadé que le commerce des villes est infiniment préférable pour un homme de lettres à la vie molle et oisive des campagnes, où l'on ne peut avoir ni conversation ni société avec des gens de lettres : d'autant mieux que ce ne peut être que dans celles-ci qu'on peut trouver des amis dont l'entretien fournisse incessamment de nouvelles idées, bien plus justes et plus naturelles que celles qu'on puise dans les auteurs et dans les livres. J'ai vu dans Mr Bayle qu'un homme de quelque goût, quoique d'une fortune médiocre, perdait toujours au change lorsque, pouvant habiter une capitale, il se bornait à une campagne ou à une ville de province, où il ne pouvait trouver les secours et les lumières nécessaires pour cultiver son esprit. Ne vous étonnez pas, Monsieur, si j'insiste si fort à vous inspirer de pareils sentiments, ayant autant d'intérêt que j'aurais de vous voir prendre un parti qui me mît à portée de jouir des douceurs d'un commerce comme le vôtre. Personne n'en connaît mieux le prix et n'est avec plus de respect, Monsieur, votre etc.

(¹) Ms. de M. de Bouhier, nº 26. — Joseph de Bimard, baron DE LA BATIE, né à Carpentras en 1703, étudia le droit à Valence. Un procès qu'eut sa famille à Grenoble le mit en relations avec Valbonnais, qui lui donna le goût des recherches historiques ; l'affaire ayant été renvoyée à Dijon, il y fit connaissance du président Bouhier, qui lui communiqua son ardeur pour l'étude de l'antiquité ; enfin, à l'occasion d'un nouveau procès qu'il eut à Paris, l'Académie des Inscriptions l'admit comme associé honoraire ; il fournit à Muratori des Explications sur diverses inscriptions trouvées dans le Dauphiné (insérées dans le *Nov. thesaurus vett. inscriptionum*), et mourut le 5 août 1742 (BARJAVEL, *Diction. histor. du départ. de Vaucluse*, I, 227-32).

(²) Cant. de Rosans, arrond. de Gap (Hautes-Alpes).

XXVII.

Lettre de Mgr l'archevêque d'Ephèse, nonce à Lucerne (1).

A Altorf, le 1er août 1729.

Monsieur, quand je n'aurais jamais reçu d'autres lettres de vous que votre dernière du 1er juillet, que M. l'abbé Tricaud vient de m'envoyer, je ne cesserais point de publier que personne n'écrit avec plus d'agrément et de politesse que vous faites : vous persuadez l'esprit et vous touchez le cœur, de sorte qu'il est impossible de se défendre du plaisir que vous voulez inspirer dans l'un et dans l'autre. Ma joie aussi, Monsieur, est sans égale toutes les fois que j'ai de vos nouvelles et, malgré les fonctions d'un ministère qui m'empêche souvent de cultiver aussi régulièrement que je voudrais un commerce aimable comme le vôtre, je vous assure que je saurai toujours mettre à profit tous mes moments de loisir pour m'attirer la continuation des précieuses marques de votre amitié.

Il y a déjà près d'une année que Mr Eccard ne m'a écrit : j'attendais toujours votre réponse ; mais, à présent que je l'ai, je m'en servirai pour recueillir le souvenir de ce savant d'Allemagne, qui a un tel mérite que tous les honnêtes gens et principalement ceux qui aiment les lettres doivent s'intéresser à son sort.

Je suis ravi que l'alphabet de caractères anciens de la bibliothèque de Zurich, qu'a publié le sr Scheuchzer, vous soit de quelque utilité. Je ne manquerai point d'en tirer les autres planches quand elles paraîtront, avec ses notes et commentaires.

On ne saurait, Monsieur, qu'admirer vos conjectures sur l'inscription d'Albin : je les ai lues avec un véritable plaisir et je suis là-dessus entièrement de votre avis. Il ne me resterait à souhaiter, pour vous expliquer plus amplement ce que j'en pense, que de n'être point dans la charge et la solitude où je suis. Quoique je sois pourtant ici presque sans livres, je puis vous dire hardiment que, si le nom de *protecteur* est inconnu dans les siècles de la belle latinité, je me souviens certainement que dans le moyen âge et au temps d'Albin il se trouve dans quelques inscriptions qui se lisent dans GAUTER ([2]); ce n'est point que je m'imagine que, dans celle dont il s'agit, il faille lire *protectoris* au lieu de *præsidis* que vous avez heureusement trouvé : ce dernier est plus convenable et je suis de votre sentiment, ne doutant point que l'on ne doive l'entendre en cette façon.

Vous êtes, Monsieur, bien au fait sur ce qui s'est passé touchant Mr l'archevêque d'Embrun, et je vous suis très-redevable de toutes les informations que vous me donnez : elles sont presque entièrement conformes à ce qui m'en a été écrit par un prélat de notre Cour, qui est de mes intimes amis. Il me mandait que Mr Tencin, visant au chapeau de cardinal, avait cru devoir témoigner un grand zèle pour la Constitution et contre les Jansénistes ; qu'il s'était promis la nomination du roi d'Angleterre que vous nommez le Prétendant ([3]) ; que certaines thèses s'étant soutenues où l'on avançait que la constitution *Unigenitus* était règle de foi, le Parlement y ayant contredit, notre prélat écrivit une lettre au cardinal Fleury contre les termes dont on s'était servi dans le Parlement ; que cette Eminence avait répondu qu'on devait aller plus doucement en besogne ; que, malgré cette prudente et sage remontrance, Mr d'Embrun avait envoyé sa lettre au cardinal Ottoboni, protecteur de France ([4]) ; que ce billet original avant d'être remis au pape passa bientôt dans les mains du cardinal de Polignac, lequel, pour s'en faire un mérite, le renvoya au cardinal ministre, avec des notes peu favorables à Mgr Tencin. J'admire la tranquillité de ce dernier autant que la sagesse du ministre; mais Mr d'Embrun, content de son concile, n'avait pas envisagé toutes les suites d'une pareille démarche. Il me semble que la vie qu'il mène serait une belle matière à un nouveau concile : au moins y trouverait-on ample sujet pour la réforme de la discipline. Je n'en juge que sur ce que vous m'en dites vous-même; il est étonnant qu'on croie éblouir le monde en passant les nuits à dormir et les jours à rien faire, surtout dans un état de perfection comme est celui de l'épiscopat. Continuez-moi, de grâce, les suites de cette histoire : elle est tout à fait curieuse.

Combien vous ai-je d'obligation, Monsieur, pour les vingt feuilles de l'*Apparat* du père Lamy, imprimées en 1687 ! J'ai connu particulièrement cet auteur à Paris, où il vint durant le temps que j'y étais. Il me pria d'intéresser son général, le père de La Tour, en faveur de sa Description du temple de Salomon : mais le projet n'en fut pas goûté alors de ce supérieur ; l'ouvrage pourtant a paru après la mort du P. Lamy, dans ma bibliothèque.

Pour vous montrer en quelque façon ma reconnaissance pour les planches de cet auteur, j'ai prié Mr Fontanini, archevêque d'Ancyre, le plus savant homme d'Italie et mon intime ami (5), de m'envoyer pour vous un exemplaire de deux dissertations qu'il vient de publier et qui seront assurément de votre goût : la 1re est sur le corps de saint Augustin trouvé à Pavie (6) et la 2e sur le *Discus argenteus votivus veterum Christianorum* (7). L'un et l'autre ouvrage est admiré des connaisseurs et par conséquent ne sera pas indifférent à une personne comme vous, qui avez tant d'intelligence en toutes sortes de matières.

Je vous embrasse tendrement, Monsieur, et je suis aussi inviolablement que distinctement tout à vous, plus qu'à moi-même ; et (ce) que nous nous écrivons avec une entière liberté restera toujours inviolablement entre nous.

ARCHEVÊQUE D'ÉPHÈSE.

Je crois que la sagesse du premier ministre ramènera tout au calme et à l'obéissance due à l'Eglise.

(1) Ms. de M. de Bouflier, n° 27. — Réponse à la lettre XXV.

(2) *Inscriptiones antiquæ totius orbis Romani* (1601, 2 vol. in-fol.).

(3) Ce fut en effet à la sollicitation de Jacques Stuart III, roi titulaire d'Angleterre en résidence à Rome, qu'il fut élevé à la pourpre.

(4) Pierre OTTOBONI, petit-neveu d'Alexandre VIII, nommé par lui cardinal le 7 nov. 1689, mort le 28 févr. 1740.

(5) Giusto FONTANINI, né en 1666, fut nommé archevêque d'Ancyre par Benoît XIII, se fit le défenseur de Mabillon et de Tillemont, et mourut le 17 avril 1736, en grande réputation auprès des érudits qui correspondaient avec lui. Voir la lettre que lui adressa Valbonnais (n° XLVIII) et sa réponse (n° LXI).

(6) *De corpore S. Augustini Ticini reperto in confessione ædis S. Petri in Cœlo Aureo disquisitio* (Rome, 1728, in-4°, 144 p.).

(7) *Discus votivus argenteus commentario illustratus* (Ibid., 1728, in-4°).

XXVIII.

Lettre de M. le premier président de Montpellier (¹).

31 août 1729.

Monsieur, je suis si sensible au présent que vous m'avez fait de l'*Histoire de Dauphiné*, que je me hâte d'avoir l'honneur de vous apprendre que je viens de recevoir enfin ce grand et bel ouvrage, que je lirai avec un plaisir infini. Soyez persuadé qu'on ne peut être plus reconnaissant que je le suis de cette nouvelle marque d'amitié dont vous m'honorez. Je voudrais pouvoir vous en convaincre et que personne n'est avec plus d'attachement et de respect, Monsieur, votre etc.

Vous recevrez par la voie de Lyon, le plus tôt que je pourrai, quelques ouvrages de notre Académie, qui sont en petit nombre parce que nos muses sont pauvres et qu'elles n'ont pas de quoi donner au public ce qui est dans les registres de notre Académie.

(¹) Ms. de M. de Bouhier, n° 13. — Franç.-Xav. Bon de Saint-Hilaire, né en 1678 à Montpellier, dont il devint premier président de la chambre des comptes, embrassa les branches les plus diverses des connaissances humaines, et mourut le 18 janv. 1761, membre de l'Académie des Inscriptions et Belles-Lettres. L'identité des fonctions l'avait mis en rapports avec Valbonnais ; voir les lettres XXXIV et XXXV.

XXIX.

Lettre de M. le chancelier Daguesseau (¹).

A Versailles, le 31 août 1729.

Monsieur, je vous envoye la copie des deux lettres circulaires que j'ai écrites à MM. les procureurs généraux des chambres des comptes du royaume, et entre autres à celui de la chambre des comptes de Grenoble, et j'y joins la copie de la réponse de cet officier. L'une et l'autre vous instruiront suffisamment de ce qui en fait le sujet ; ainsi je passerai tout d'un coup aux représentations que Mr Flandy me fait et dont j'ai cru devoir vous écrire, pour vous prier d'en conférer avec Mr de Valbonnays et de me faire savoir ensuite ce que vous penserez l'un et l'autre sur ce sujet.

Je vois d'abord que M. le procureur général de la chambre des comptes regarde le travail que je lui ai proposé comme un objet immense, et c'est ce que j'ai de la peine à comprendre, à moins qu'il n'ait peut-être donné au projet dont je lui ai fait part beaucoup plus d'étendue que je ne prétends qu'il en ait. Il ne s'agit que de recueillir les édits, déclarations et arrêts de règlement qui sont tellement propres à la chambre des comptes de Dauphiné qu'on ne peut les trouver ailleurs que dans ses registres. Je ne saurais concevoir qu'il y ait un assez grand nombre de lois et de règlements qui portent ce caractère pour effrayer par la longueur du travail ceux qui voudraient entreprendre d'en faire la table et des copies. Il doit y avoir des répertoires qui facilitent la recherche des pièces dont il s'agit, et je suis persuadé que si M. de Valbonnays avait encore les yeux du corps aussi bons que ceux de l'esprit, il aurait bientôt trouvé ce que je désire : peut-être même l'a-t-il recueilli autrefois pour son usage dans les travaux qu'il a faits avec tant d'application, soit comme chef de la chambre des comptes, soit comme historien de votre province. Vous pouvez au moins tirer beaucoup de lumières de lui sur ce sujet ; il se fera sans doute un plaisir de vous les communiquer et, soit avec son secours ou par vous-même, vous serez plus en état que personne de diriger l'ouvrage de M. le procureur général.

La demande qu'il fait d'un fonds pour en acquitter la dépense vient apparemment de l'idée trop vaste qu'il s'est formée de cet ouvrage. Les procureurs généraux des autres compagnies, soit des parlements, des chambres des comptes ou des cours des aides, à qui j'ai écrit des lettres semblables, ne m'ont rien proposé de pareil. En tout cas, si l'ouvrage était aussi considérable qu'il le prétend, on pourrait bien dans la suite faire accorder quelque gratification à ceux qui y travailleraient sous lui, et vous pourriez alors concerter avec Mr de Fontanieu (²) ce qu'il y aurait à faire sur ce sujet ; mais je crois que la modicité du travail fera tomber cette difficulté d'elle-même lorsqu'on le renfermera dans ses justes bornes, telles que je les ai marquées par mes lettres-circulaires (³). Je suis, Monsieur, etc.

(¹) Ms. de M. de Boufier, n° 23. — Cette lettre n'était point adressée à Valbonnais ; mais, ce semble, au premier président (Pierre-Nic. de Bérulle) ou peut-être à M. de Grammont (note 2 de la let. III).

(²) Gasp.-Moïse de Fontanieu, maître des requêtes et intendant de la province de Dauphiné de 1724 à 1741, puis contrôleur général des meubles de la couronne, mort le 26 sept. 1767 ; on lui doit un précieux recueil de titres sur l'histoire de France, avec notes, observations et dissertations, classés dans 863 portefeuilles à la bibliothèque impériale (voir la *Biblioth. histor.* de Lelong, édit. Fontette, t. IV, part. II, p. 3-11).

(³) M. de Boufier a bien voulu nous communiquer un reg. in-fol. intitulé : *Table des ordonnances regitrées en la chambre des comptes de Dauphiné dressées selon l'ordre des temps*, provenant de la biblioth. de Valbonnais, qui répond au dessein du chancelier Daguesseau ; mais comme cette table s'arrête à 1689, peut-être la rédaction en est-elle antérieure. Nous publions en ce moment ce précieux répertoire dans le *Pontias* (journal de Nyons), sous le titre : *Ordonnances des rois de France et autres princes souverains, relatives au Dauphiné du XIIe au XVIIe siècle, Documents pour servir à son histoire.*

XXX.

Lettre à M. le président de Grammont, commandant en Dauphiné (¹).

A Domène, ce 7 septembre 1729.

Je serais plus exact, Monsieur, à cultiver par des soins et des devoirs les bontés dont vous m'honorez depuis longtemps, s'il était possible de trouver dans le fond d'une campagne comme celle où je suis les moindres sujets de détourner votre attention des affaires qui vous occupent. Ce n'est qu'à un excès de politesse que je puis devoir la patience que je vous demande pour lire une lettre aussi stérile que celle-ci ; ce n'est que dans cette espérance que j'ose vous l'adresser, pour vous marquer du moins le regret que j'ai d'être aussi dépourvu et de n'avoir que des sentiments à vous offrir. S'ils ne vous apprennent rien de nouveau, ils vous assureront au moins de la peine que je ressens d'être privé des moments que je passais quelquefois auprès de vous, surtout des promenades où j'avais le bonheur de vous voir et de vous entendre. Jugez, Monsieur, de l'envie que j'ai de les renouveler et de vous engager de plus en plus à me continuer l'honneur d'une amitié qui m'est si chère; je la regarde comme le bien le plus précieux et l'une des plus grandes consolations de ma vie. Vous ne sauriez la refuser à la personne du monde sur qui vous avez le plus de pouvoir et qui, pour mieux dire, est plus à vous qu'à soi-même.

(1) Ms. de M. de Bouffier, n° 28. — Voir la note 3 de la let. III.

XXXI.

Lettre de Mr le chancelier à M. de Valbonnays (1).

A Paris, le 7 septembre 1729.

Monsieur, je ne doute pas qu'en apprenant l'heureuse nouvelle de la naissance d'un dauphin (2), dont le Roi veut bien faire part à votre Compagnie dans les formes ordinaires, elle ne se porte d'abord à suivre les mouvements de son cœur encore plus que ces anciens usages, en nommant des députés pour venir féliciter Sa Majesté d'un évènement qui accomplit les vœux de la France et ceux de toute l'Europe. Il est honorable aux premières Compagnies du royaume de ne consulter en ce moment que leur zèle; mais le Roi a cru qu'il convenait à la bonté dont il les honore, d'être occupé de ce qu'elles oublient et de les dispenser d'une députation dont leur affection les empêcherait de sentir le poids. Sa Majesté ne veut pas cependant les priver par là de la satisfaction de lui expliquer leurs sentiments dans une occasion si intéressante, mais elle m'ordonne de vous faire savoir qu'elle trouve très-bon que votre Compagnie s'acquitte par une lettre du même devoir qu'elle remplirait par une députation, et j'ai lieu de croire que le Roi voudra bien y répondre d'une manière qui lui fera connaître le plaisir et la distinction avec laquelle il aura reçu les témoignages de la joie d'une Compagnie dont il connait le fidèle attachement pour sa personne et le zèle sincère pour le bien de l'Etat. Je compte que vous lui ferez part de ce que je vous écris par ordre de Sa Majesté.

Je suis, Monsieur, votre très-affectionné serviteur.

DAGUESSEAU.

(¹) Ms. de M. de Bouhier, n° 29.
(²) Louis, fils de Louis XV et de Marie Leczinska, né au château de Versailles le 4 sept. 1729, mort en 1765, père de Louis XVI.

XXXII.

Lettre de Mʳ l'archevêque d'Ephèse, nonce de Lucerne (¹).

A Altorf, le 13 septembre 1729.

Monsieur, je n'ai point manqué d'envoyer à Mʳ Eccard la lettre que vous m'aviez adressée pour lui; elle lui sera un motif de me donner de ses nouvelles: il y a plus d'un an que je n'en ai eu aucune.

Mʳ l'abbé Tricaud me fera la grâce de vous adresser un exemplaire des deux dissertations de Mᵍʳ Fontanini, que j'ai demandé à ce prélat pour vous. Il me semble que, vous connaissant aussi poli que vous l'êtes, je puis me hasarder à vous conseiller de lui en faire une lettre de remercîment: j'aurai soin de la lui faire tenir. Il est archevêque d'Ancyre; vous savez que c'est un des plus savants hommes que nous ayons en Italie et il vous sera sans doute connu par ses ouvrages, à vous Monsieur qui avez une connaissance parfaite de tous les savants de l'Europe: mais je dois ajouter qu'il est mon intime ami et que je vous aurai obligation de la reconnaissance que vous lui témoignerez par vos civilités.

Le même Mʳ Tricaud vous fera aussi passer un exemplaire d'un ouvrage que j'ai fait imprimer moi-même dans ces quartiers: ce sont les actes publics de ma nonciature de Suisse (²). Je vous prie de l'accepter comme une faible preuve de ma considération pour votre personne, et de me dire franchement ce que vous en penserez après l'avoir lu. Mais, comme je vous l'envoye avant que d'avoir eu l'approbation que j'attends de Sa Sainteté, et avant que de le rendre public, j'ose espérer que vous ne le montrerez à personne. C'est pour vous seul qu'il est destiné et j'ai mieux aimé vous l'envoyer d'abord, afin par votre jugement de pressentir celui du public, que de différer à vous montrer combien je vous aime et vous estime. J'ai l'honneur d'être, avec toute la distinction possible, sans compliment et sans réserve, inviolablement tout à vous du meilleur de mon cœur, etc.

(1) Ms. de M. de Bouffier, n° 34.
(2) *Acta legationis Helveticæ ab anno 1725 ad 1729* (Romæ, 1738, in-4°), contenant six discours et quelques lettres.

XXXIII.

Réponse à Mr le Chancelier (1).

Le 18 septembre 1729.

Monseigneur, j'ai fait part à la Compagnie des ordres contenus dans la lettre que vous m'avez fait l'honneur de m'écrire, pour servir de plan et de règle aux démarches que Sa Majesté trouve bon de lui prescrire dans la conjoncture présente. Il ne fallait pas moins qu'une marque précise de sa volonté pour empêcher les officiers de cette compagnie de suivre le zèle qui leur faisait envisager avec joie une occasion aussi favorable de témoigner les sentiments de leur cœur. Elle espère, Monseigneur, que la lettre que vous leur ordonnez d'écrire, étant soutenue de l'appui et de la protection qu'elle ose vous demander auprès de Sa Majesté, ne pourra manquer de lui être agréable, se trouvant aussi conforme à ses intentions.

Il ne me reste, Monseigneur, que de vous assurer de mon chef des remerciments les plus vifs et de la reconnaissance que je conserve des bontés que j'éprouve de votre part en tant de rencontres. Personne ne fait des vœux plus sincères pour sa prospérité et n'est avec un plus inviolable et plus respectueux attachement, Monseigneur, votre très-humble et très-obéissant serviteur.

(1) Ms. de M. de Bouffier, n° 30. — Réponse à la lettre XXXI.

XXXIV.

Lettre de M. Bon, premier président de Montpellier (1).

Monsieur, je profite d'une personne qui part pour Lyon,

pour avoir l'honneur de vous envoyer le petit nombre de *Mémoires* imprimés de notre Académie. Elle est si pauvre, qu'elle n'a pu faire imprimer ce qui est dans nos registres ; ainsi, Monsieur, je vous prie de vous contenter du peu que j'ai l'honneur de vous envoyer, puisque nous n'avons pas un plus grand nombre de mémoires imprimés. J'y ai ajouté un *Mémoire* manuscrit qui est de moi et que Mr Astruc (²) lut à ma place ; je crois que vous aurez quelque bonté pour ce petit ouvrage, du moins j'ai l'honneur de vous en prier, et d'user d'indulgence pour l'auteur. J'y ai joint trois exemplaires de la nouvelle impression qu'on a faite ici de ma *Dissertation sur l'utilité de la soie des araignées* (³) ; comme je n'avais pu encore vous envoyer cette bagatelle, j'ai cru que je devais profiter de l'occasion et vous marquer par là l'envie que j'ai de vous amuser, si nos ouvrages académiques sont assez heureux pour le faire. Je ne cesse point de lire votre excellente *Histoire du Dauphiné*, j'y trouve mille choses nouvelles et curieuses, j'y admire l'arrangement, la netteté, la précision et la pureté du style naturel d'un historien respectable. Votre nom, Monsieur, vivra toujours dans les siècles à venir ; il fera grand honneur à votre patrie et plus encore à votre famille. Heureux sont ceux qui ont le bonheur de vous approcher et de profiter de vos lumières ! Personne n'en profite mieux aussi que Messieurs vos neveux, dont le mérite, la sagesse et l'érudition répondent à leur naissance et à vos soins (⁴). Permettez-moi de les assurer ici de mes très-humbles devoirs et de ma parfaite estime ; soyez persuadé de la sincérité de mes sentiments pour vous, Monsieur, et pour eux, et que je serai toute ma vie au-delà des expressions et avec beaucoup de respect, Monsieur, votre, etc.

(¹) Ms. de M. de Bouffier, n° 32. — Voir la note 1 de la let. XXVIII.

(²) Jean Astruc, médecin de Montpellier, 1684-5 mai 1766.

(³) On sait que cet ouvrage acquit à l'auteur une réputation plus qu'européenne : il fut traduit dans toutes les langues de l'Europe et même en chinois. Voir le sentiment de Valbonnais dans la let. suiv.

(⁴) Les Bally, fils de la sœur de Valbonnais : Jos.-François (note 7 de la let. I), Jean-Pierre (prévôt de Saint-André de Grenoble), et Sébastien-Flodoard de Montcarra.

XXXV.

Lettre de Monsieur à M. Bon, premier président de Montpellier (¹).

Du 25 septembre 1710.

Monsieur, j'ai reçu depuis quelques jours les *Mémoires* de votre Académie avec les trois exemplaires des *Dissertations sur les araignées*. Je n'ai pu vous en remercier plus tôt : le séjour que je fais depuis quelque temps à la campagne a retardé le plaisir que j'ai trouvé à les lire. Je ne puis assez vous exprimer surtout la satisfaction que m'a donnée le discours sur les araignées dont vous avez fait part au public, en lui apprenant l'usage admirable qu'on pouvait faire d'un insecte qui jusque-là était regardé avec horreur ; cette découverte peut être mise au rang de celles que l'antiquité a ignorées ; les vers à soie n'ont rien de plus rare et de plus curieux. Si l'on pouvait seulement trouver une nourriture convenable à ces insectes, qui donnât le moyen de les élever pour être maître de leur travail et des ouvrages qu'ils pourraient faire, on ne saurait assez estimer une pareille invention. Je me souviens qu'étant à Paris dans le temps qu'on annonça au public cette nouvelle façon de rendre la soie plus commune, m'étant trouvé à une ouverture de l'Académie des sciences où l'on traita ce sujet, qui faisait alors l'empressement du public, Mr de Réaumur, l'un des plus célèbres académiciens de cette compagnie (²), rapporta quelques expériences qu'il avait faites pour rendre cette invention plus parfaite ; il dit surtout qu'en ayant mis plusieurs ensemble dans de grands vases de verre, ils s'étaient détruits les uns les autres et qu'au bout de quelque temps il n'en restait que les plus gros, à qui les moindres avaient servi de pâture. Il proposa à ce sujet de faire venir des îles d'Amérique quelques œufs de ces insectes, qui sont beaucoup plus grands et qui ont plus de force que ceux de ces pays ; que ces œufs étant soignés avec quelque industrie, pourraient se multiplier aisément et donner sur cela de nouvelles ouvertures ; qu'il était à propos de chercher toutes les voies qu'on pourrait tenir pour ne pas laisser périr une invention qui fait autant d'honneur à notre siècle : les plumes d'oiseau et de toute sorte de volaille encore tendre et pleine de suc lui paraissaient pouvoir fournir un aliment propre à ces sortes d'insectes; qu'enfin il ne fallait rien négliger pour suivre l'indication de la nature et la forcer par de nouvelles épreuves à nous laisser jouir du présent qu'elle avait voulu faire. Ce que je rappelle ici est de l'année 1710 ou 1711. Je ne doute pas que Mr de Réaumur ne vous ait communiqué depuis ce temps les connaissances qu'il a pu acquérir sur cette matière, étant lié comme vous l'êtes avec tous les membres de cette Académie par une correspondance étroite. Je ne puis assez, Monsieur, vous marquer combien je suis charmé de toutes les savantes recherches de votre illustre société, dont vous êtes l'âme et la source, et à qui elle doit une découverte si particulière. C'est à bien plus juste titre qu'à moi qu'on peut vous donner tous les éloges qui honorent la magistrature entre vos mains : je me trouve peu à portée de mériter tous ceux que votre politesse vous inspire sur mon compte. Il n'en est point qui me touche plus et qui me soit plus précieux que l'honneur de vos bonnes grâces; on ne saurait en faire plus de cas ni être avec plus d'attachement et de respect, Monsieur, votre etc.

On ne peut être plus satisfait que je l'ai été des Mémoires sur les pétrifications du Bolonnet. Vous y avez fait entrer tout ce qu'on peut dire de plus savant et de plus agréable sur cette matière. Quelle instruction et quel éclaircissement n'avez-vous point donné d'un sujet si peu à portée des connaissances ordinaires! On n'y apprend pas seulement l'histoire naturelle du pays, vous y découvrez aussi les divers changements que les eaux du Rhône et de la mer y ont causés par un combat perpétuel qu'elles se font depuis longtemps, se disputant le terrain avec des avantages inégaux. Cette recherche m'a fait un plaisir infini et m'a paru avoir été poussée dans toute l'étendue qu'elle pouvait recevoir, avec une sagacité admirable. Vous ne pouviez rendre un service plus agréable à votre patrie que d'en avoir tiré une partie du fond de la mer comme vous avez fait par des recherches si savantes et si plausibles : je vous en rends mille grâces.

(1) Ms. de M. de Bouhier, n° 31. — Réponse à la let. précéd.

(2) René-Antoine Ferchault de Réaumur, physicien et naturaliste, 1683-1757; son *Mémoire sur la soie des araignées* est de 1710 et a été inséré dans le recueil de l'Académie des Sciences.

XXXVI.

Lettre de Monsieur à Mr l'archevêque d'Ephèse, nonce de Lucerne (1).

Le séjour que je fais depuis quelque temps à la campagne m'a privé de tout commerce avec Mr l'abbé Tricaud; c'est sans doute la même raison qui fait que je n'en reçois point de lettres. J'ai su qu'il n'était pas à Lyon et qu'il avait été plusieurs jours indisposé: c'est à cela que j'attribue son silence. Cependant je n'ai pu me résoudre d'être plus longtemps sans vous demander de vos nouvelles. J'aurai même l'honneur de vous dire que, craignant encore quelque cause de retardement de la part de Mr Tricaud, j'ai pris le parti dans cette incertitude d'adresser à mes libraires de Genève la lettre que j'ai l'honneur d'écrire à votre excellence: je crois, avec la permission de Mr l'abbé Tricaud, que cette voie pour notre commerce est la plus commode et la plus sûre; si vous n'en jugez pas de même, il sera aisé de nous redresser et de nous conformer à ce que vous trouverez de plus convenable.

Il est arrivé un furieux contre-temps aux feuilles de l'*Apparat* du père Lamy, que j'avais adressées à Mr l'abbé Tricaud il y a plus de deux mois pour vous les faire tenir. Le voiturier que j'en avais chargé perdit sa valise en chemin, étant ivre sans doute; il ne s'en aperçut pas et ne se mit point en peine de ce qu'elle était devenue jusqu'au lendemain. Quelques passants l'ayant trouvée, s'en saisirent; le paquet entre autres où étaient les feuilles leur parut de bonne prise et, sans faire d'autres perquisitions, ils le mirent en gage au premier cabaret en payement du vin qu'ils y avaient bu. On a été longtemps sans savoir quelle était la destinée de ce malheureux paquet; on n'en a eu des nouvelles que depuis quelques jours, et ce n'a été qu'à la faveur d'un ordre du commandant de cette province qu'on a été en état de le recouvrer. Il a dû être mis entre les mains de Mr l'abbé Tricaud par un de mes amis qui, allant à Lyon, m'a promis de le prendre dans l'endroit qui lui a été indiqué sur la route; j'écris aujourd'hui à Mr Tricaud pour l'en informer et pour le prier de remplacer par la diligence les contre-temps de cette aventure.

L'offre obligeante que vous me faites des deux nouvelles dissertations de Mr Fontanini est pour moi un véritable présent, que je reçois avec toute la reconnaissance possible. Je sais le cas que l'on doit faire de tout ce qui part des mains de cet illustre prélat, dont le mérite est connu de tous les gens de lettres. Les *Journaux des Savants* ont déjà réveillé sur ces deux dernières pièces la curiosité du public. Quelle obligation ne vous ai-je point de me mettre à portée d'en être connu et de faire passer mon nom jusqu'à lui! Votre Excellence a prévenu en cela le dessein où j'étais de recourir à son entremise, qui ne peut que lui être agréable sous un titre si avantageux, qui me répond par avance de tout l'accueil que j'en dois espérer, venant d'une aussi bonne main et si propre à faire impression en ma faveur. Ce sera avec empressement que j'emploirai la voie que vous me proposez d'une lettre pleine de sentiments d'estime et de déférence, que des connaissances aussi rares en tout genre d'érudition lui ont acquis dans le monde poli et savant. Vous ne cessez, Monseigneur, de me procurer par vos bons offices tous les moyens possibles de me rendre agréable aux personnes principales dans toutes sortes d'états, parmi lesquelles une amitié comme la vôtre me donne un relief que je ne saurais avoir par moi-même.

Je suis charmé de l'offre que vous me faites de me communiquer un exemplaire des actes publics de votre nonciature de Suisse. Quelle source d'instructions et de lumières dans un ouvrage qui vient d'un esprit si éclairé et si accoutumé aux grandes affaires! Ce sera une lecture et en même temps une étude délicieuse pour moi, qui ajoutera aux sentiments de la plus haute estime ceux d'une parfaite reconnaissance d'un présent aussi précieux et dont je me trouve flatté par tant d'endroits.

Le prélat dont nous avons parlé quelquefois demeure

clos et couvert, et ne fait plus d'autres mouvements que celui de quelques voyages auprès de sa sœur, dans une terre qui est environ à trente lieues de son diocèse : c'est ainsi qu'il partage un temps vide et dénué d'occupations. On a voulu dire qu'il avait fait un mandement pour autoriser la légende qui est dans l'office de Grégoire VII, ce qui fait beaucoup de bruit en France, et qui a été supprimée par arrêt du Parlement de Paris (²). Je ne sais point s'il faut ajouter foi au bruit qui s'en est répandu, mais je n'ai vu de lui qu'un mandement parmi ceux de plusieurs autres prélats au sujet de la naissance de Mgr le Dauphin. Si j'apprends quelque chose sur son compte, j'aurai l'honneur de vous en faire part. C'est par où je termine les assurances dont je prie votre Excellence d'être persuadée que personne au monde ne saurait lui être plus dévoué ni plus inviolablement et plus respectueusement, etc.

(¹) Ms. de M. de Bouffier, n° 25. — Réponse à la let. XXXII.
(²) Ce mandement ne figure pas parmi ceux qu'indique la *Biogr. du Dauph.* (t. II, p. 437-8).

XXXVII.

Lettre de Monsieur à M. de Grammont (¹).

Du 7 novembre 1728.

Je suis très-sensible, Monsieur, à la part que vous me faites des dernières lettres de la cour sur le procédé que vous avez eu avec Messieurs de Marcieu (²). Il me paraît que vous devez être content du ménagement qu'on a eu pour vous en cette rencontre : on a cherché à vous satisfaire, on n'a rien oublié dans les expressions pour vous marquer tous les égards et toute la considération qu'on avait pour vous, on est entré même en quelque sorte de justification de ce qu'on ne vous accordait pas tout ce qui semblait vous être dû ; en un mot, on a approuvé votre conduite et on n'a désapprouvé la leur. Le procès se termine par là, et la contestation est réglée : c'est ce qui doit rester entre les parties comme une décision du jugement qui a été rendu ; la chose sera regardée sur ce pied-là à l'avenir et passera pour un monument de votre victoire. J'en ressens un véritable plaisir et je vous en félicite, en attendant que je puisse vous assurer de vive voix, comme je prétends faire dans peu de jours, n'attendant pour cela que de pouvoir me mettre en chemin et que mon cocher, qui s'est donné un coup de hache sur la jambe, soit en état de me ramener à Grenoble. On ne peut essuyer plus d'inconvénients qu'il m'en est survenu pendant ces vacances, mais il faut se consoler des attaques du dehors, comme vous le dites fort bien, pourvu qu'on conserve le corps de la place : c'est ce que je tâche de faire, non sans quelque peine. J'ai eu des nuits assez mauvaises, où je n'ai pas été exempt d'inquiétude et d'insomnie : mais il ne faut pas espérer trouver des fleurs sous ses pas quand on est aussi avancé dans la carrière : c'est beaucoup de n'en pas sentir les épines et d'adoucir celles qu'on ne peut pas éviter. Je travaille suivant votre pensée à tirer encore quelques secours de la musique; j'ai mis en œuvre la sagacité de mes neveux pour découvrir quelque musicien. Je n'ai pas perdu toute espérance là-dessus : ce n'est plus que par cet endroit que je puis compter d'être encore dans le monde, si vous me permettez de conserver aussi la place que vous m'y avez donnée, qui seule peut me faire trouver la vie plus douce et plus agréable, dans l'espérance de pouvoir vous marquer de plus en plus mon zèle et mon respect et le dévouement entier avec lequel je suis, etc.

(1) Ms. de M. de Bouffier, n° 38. — Voir la lettre XXX.

(2) La charge de gouverneur particulier de la ville de Grenoble fut héréditaire dans la famille Emé de Marcieu au XVIIe siècle (depuis son rétablissement) et au XVIIIe. Voir un Mémoire du président de Gramont sur ces questions de préséance, avec pièces à l'appui, dans le *Bulletin de la Société de Statistique de l'Isère*, 2e sér., t. I, p. 377-87.

XXXVIII.

Lettre de Mgr l'archevêque d'Éphèse (1).

A Altorf, ce 14 novembre 1729.

Monsieur, c'est avec un plaisir très-sensible que je reçois l'honneur de vos lettres. L'estime infinie que j'ai pour vous fait que vous êtes sans cesse présent à mon esprit, et que j'ai une satisfaction entière lorsque j'apprends de vos nouvelles. D'ailleurs, Monsieur, l'attention obligeante que vous avez pour moi et les manières nobles dont vous agissez à mon égard demandent de moi une reconnaissance des plus vives et des plus sincères.

Je suis fort mortifié que l'aventure des feuilles de l'*Apparat* du P. Lamy vous ait causé de l'inquiétude et de l'embarras. Les soins que vous vous êtes donnés à cette occasion augmentent les obligations que je vous ai depuis bien longtemps de tout ce que vous faites en ma considération, sans que j'aie auprès de vous aucun mérite. Je vous remercie, Monsieur, de la peine que vous vous êtes donnée pour faire tenir cet Apparat à M. Tricaud, notre commun ami. Si vous n'avez pas encore reçu des nouvelles de lui, vous ne manquerez pas d'en recevoir bientôt, puisque je sais par les lettres qu'il est à présent à Lyon et en bonne santé. Il me semble que nous ferons bien de nous servir de son canal pour continuer notre commerce, que je cultiverai de mon côté soigneusement : il me fait trop d'honneur et il est de mon intérêt de l'augmenter, s'il se peut. Mandez-moi, s'il vous plaît, le prix de l'*Apparat* en question et je vous en tiendrai compte : il faut agir entre des amis avec liberté.

Mr Fontanini ne sera pas moins charmé de vous reconnaître que vous d'être connu de lui : votre mérite est aussi connu à Rome que partout ailleurs. Il y a déjà quelque temps que j'ai envoyé à M. Tricaud les deux dissertations dont ce prélat vous fait présent. Si vous lui écrivez, adressez-moi la lettre et je la lui ferai tenir, car je suis sûr qu'il m'en saura bon gré. J'ai joint à ces dissertations les actes publics de ma nonciature : je souhaite que l'un et l'autre ouvrage vous fasse autant de plaisir que j'en ai de vous les envoyer. Comme je n'ai pas encore publié mes actes ici, je vous prie de ne pas les rendre publics, trop heureux si vous pouvez donner quelque moment de relâche à leur lecture.

Le prélat dont je vous ai demandé de me continuer les nouvelles devrait, ce me semble, adorer la Providence et se servir de sa disgrâce comme d'un motif qui le retienne dans son diocèse : le zèle qu'il y paraît témoigner pour instruire les peuples qui sont confiés à ses soins, le dédommagerait abondamment de la perte apparente qu'il a faite et lui serait d'un bien plus grand mérite auprès de Dieu ; mais les hommes tâchent toujours de s'assoupir et ils ne cherchent à se divertir que par la crainte qu'ils ont de se connaître.

Je finis cette lettre par un article qui vous fera plaisir. Mon frère a fait graver un ancien théâtre qu'il a dédié au cardinal Ottoboni ; voici le titre de la pièce : *Antiqui Theatri vestigia quæ Iguvij, alias Eugubij, in Umbria supersunt in prædio suburbano comitum Gabrielium a Baccaresca.* Je souhaite que les deux exemplaires que je vous envoie par le canal de M. Tricaud vous soient agréables : vous en pourrez donner un à quelqu'un de vos amis.

Je vous embrasse tendrement, et je suis plus à vous qu'à moi-même.

Vous me feriez plaisir si vous pouviez me déterrer le livre suivant : *Dionisius Boetius Salvagn. septem miracula Delfinatus*; Gratianopoli, 1656, in-8° (²).

(¹) Ms. de M. de Bouhier, n° 39. Réponse à la lettre XXXVI.
(²) De Salvaing de Boissieu (*Biogr. du Dauph.*, II, 387) ; *cf.* lettre XXIV.

XXXIX.

Lettre de M. d'Angervilliers à M. de Valbonnais (¹).

De Versailles, le 27 novembre 1729.

Mr le comte de Sassenage (²) a demandé au roi de vouloir bien déclarer ses intentions sur la manière dont Mrs les conseillers et officiers du parquet du Parlement de Grenoble et Mrs les présidents et autres officiers de la chambre des Comptes lui écriraient dorénavant. Il a justifié que Sa Majesté avait déjà décidé deux fois cette question en sa faveur, en prononçant qu'ils le traiteraient de Monseigneur ; il a rapporté la copie d'une lettre écrite à ce sujet, le 4 juin 1719, à M. le président de Grammont par M. d'Armenonville, alors secrétaire d'Etat, et une autre lettre écrite par Mr de Merville, aussi secrétaire d'Etat, à vous-même, Monsieur ; il a, de plus, rapporté des lettres de plusieurs conseillers qui lui ont été écrites avec le terme de

Monseigneur, et 30 à 40 autres lettres écrites à M. le comte de Tallard avant qu'il fût maréchal de France.

Tout bien examiné, Sa Majesté vient de décider pour la troisième fois et sans retour que tous les officiers de la chambre des comptes de Grenoble, à l'exception du seul premier président, en écrivant à Mr le comte de Sassenage, tant qu'il sera revêtu de la charge de lieutenant général de la province, et à ceux qui lui succéderont, se serviront du terme de Monseigneur ; et Sa Majesté, qui a vu ce que je vous écris, me charge de vous déclarer que son intention est que ce que je vous marque être en cela sa volonté soit exécuté.

Il est certain que cette prérogative est singulière à la charge du lieutenant général de la province de Dauphiné ; mais elle dérive d'une plus considérable encore, c'est celle qu'a ce lieutenant général de prendre sa place au parlement et à la chambre des comptes au-dessus du premier président : il doit donc avec raison être regardé comme un des chefs de (ce)s compagnies, et tous les officiers qui les composent doivent sentir qu'ils s'honorent dans les déférences qu'ils ont pour leur chef. De là vient que Mrs les conseillers du Parlement de Paris, écrivant à leur premier président, se servent encore actuellement du terme de Monseigneur. Ces observations doivent faire cesser la peine que Mrs les présidents et les officiers de la chambre des comptes pourraient avoir d'écrire au lieutenant général de la province dans un style différent de celui dont se servent les seigneurs et gentilshommes du pays. Sa Majesté sait bien qu'il y a dans cette chambre des comptes beaucoup de gens de qualités, mais ils sont membres du corps qui a des chefs; et encore une fois plus on rend d'honneur au chef et plus on élève la compagnie.

J'ai l'honneur d'être parfaitement, Monsieur, votre très-humble et très-obéissant serviteur. D'ANGERVILLIERS.

(1) Ms. de M. de Boufflers, nº 16.

(2) Lieutenant général au gouvernement de Dauphiné (*Statist. génér. de l'Isère*, t. III, p. [illegible] ; *Arm. de Dauph.*, p. [illegible]) ; voir J. Ollivier, *Mélanges*, t. I, p. 247.

XL.

A MM. Fabry et Barrillot (¹).

A Grenoble, le 11 décembre 1722.

Messieurs, je suis bien aise de vous dire que Monsieur de Valbonnays a été ravi d'apprendre l'empressement que vous témoignez d'imprimer l'ouvrage auquel il travaille : il se fait un plaisir de vous en donner la préférence. Il est bien éloigné de vouloir laisser entendre au public qu'il pourrait avoir des sujets de plainte contre vous ; il se rappelle, au contraire, avec beaucoup de satisfaction la suite de votre procédé et de vos bonnes manières à son égard : il est persuadé qu'il éprouvera encore les mêmes en cette occasion. C'est ce qui le détermine à préférer les conditions de son premier traité avec vous à toutes les autres : voyez (ce) que vous proposez. Il s'agit à présent de régler les conditions auxquelles vous pourrez commencer de mettre la main à l'œuvre.

Cet ouvrage ne sera pas si ample que le précédent, mais je crois que vous ne le trouverez pas moins curieux. Il renfermera environ trois cent cinquante actes ou titres, avec des notes pour l'éclaicissement de chacun, qui ont été travaillées et recherchées avec beaucoup de soin. Ce nombre d'actes étant beaucoup moindre que ceux du premier livre et ne pouvant fournir, par conséquent, le même nombre de feuilles d'impression (²), comment croiriez-vous qu'il fallût régler les choses pour les fixer sur le pied du dernier marché? Quant aux autres conditions, elles se trouvent déterminées par le premier traité, et Monsieur de Valbonnays consent de les suivre à la lettre. Il vous demande seulement si vous êtes en état de faire travailler incessamment à cette impression et d'y employer le nombre d'ouvriers suffisant pour en voir la fin en peu de temps. Sa santé et ses indispositions ne lui permettant pas de suivre un travail qui durerait encore longtemps, il n'aurait eu garde de l'entreprendre s'il n'avait compté de le voir finir bientôt.

Je suis très-parfaitement, Messieurs, votre très-humble et très-obéissant serviteur. JULLIANY, *prêtre*.

(1) Ms. de M. de Bouffier, n° 37. — Cette lettre, relative à l'impression d'un nouvel ouvrage de Valbonnais (J. OLLIVIER, *Mélanges*, t. I, pp. 336, 432-40), est du signataire l'abbé JULLIANY, son secrétaire (cf. let. VIII); voir sur cette publication les lettres XLV, LIV, LV, LVIII et LIX.

(2) Les deux vol. de l'*Hist. de Dauph.* comprennent 727 documents.

XLI.

Lettre à M. d'Angervilliers (1).

Du 15 décembre 1729.

Nous ne cessons de nous féliciter dans cette province d'avoir à régler nos démarches et recevoir les ordres qu'il plaît au roi de nous prescrire par une entremise comme la vôtre, qui nous donne lieu à tous moments d'éprouver les mêmes bontés que nous avons ressenties pendant que vous y avez eu le maniement des affaires publiques et que l'administration principale de cette province a été commise à vos soins : c'est un temps dont le souvenir nous est cher et que nous rappelons encore avec plaisir. On s'aperçoit que les marques d'affection dont vous nous honoriez sont pour vous des sujets de les renouveler en notre faveur dans toutes les rencontres qui se présentent. Ces dispositions heureuses me font espérer que vous aurez quelque égard aux remontrances que je prends la liberté de faire à Mr le cardinal touchant nos présidents, en suite de la lettre que vous m'avez fait l'honneur de m'écrire le 27 du mois passé ; je ne compte pas moins sur la protection que je vous prie de leur accorder pour obtenir la justice qu'ils demandent à Sa Majesté. Tout le corps dont j'ai l'honneur d'être le chef y est pareillement intéressé, s'agissant de recevoir une atteinte qui ne manquerait point de le flétrir et d'en exclure à l'avenir tous ceux qui en pourraient maintenir la dignité avec quelque bienséance. S'il est vrai que les prétentions de Mr de Sassenage puissent avoir lieu auprès de Sa Majesté, ce n'est pas à l'égard des présidents de la Chambre qu'on peut opposer des trois décisions dont il est parlé dans votre lettre, la chose ne leur ayant jamais été communiquée, et leurs raisons d'ailleurs étant si différentes de celles sur lesquelles on se fonde à l'égard des conseillers du Parlement, il n'est rien de plus aisé que d'en détruire les conséquences : c'est ce que j'aurai l'honneur de faire dans le Memoire que je joins ici. Comme je suis persuadé que Mr le cardinal ne prendra aucun parti sans vous en faire part, j'ai cru, Monsieur, que la lettre que j'ai l'honneur de lui écrire pourrait ajouter quelques réflexions à celles que j'ai mises dans mon Mémoire et qu'aucune des raisons de ces officiers ne devaient vous être inconnues. Rien ne peut leur être plus avantageux que d'avoir un juge aussi éclairé dans toute la suite de cette affaire ; c'est ce qui fait que j'ai ajouté à ce Mémoire des articles essentiels qui méritent quelque attention. La lettre que Mr de Merville m'écrivit par ordre de M. le duc est la seule par laquelle ces présidents aient été interpellés d'écrire dans cette forme à Mr le lieutenant général : jamais aucun de ceux qui l'ont devancé n'avaient demandé comme une contrainte et comme un devoir qu'on leur rendit de pareils honneurs. Mr de Dolomieu ni ses confrères ne crurent pas devoir former sur cela un incident, d'autant mieux qu'on était à la veille de recevoir un jugement sur plusieurs autres contestations qu'on croyait devoir bientôt être terminées par un règlement : cependant ce jugement a été rendu sans que cette difficulté ait été terminée. J'oserai même vous dire qu'on apprit dans ce temps-là, par une lettre venue de bon lieu, de l'un des principaux juges qui y étaient présents, que la décision ne fut point contraire aux intérêts des Compagnies, et qu'on crut que Mr de Sassenage devait s'en tenir aux respects et aux déférences qu'on serait bien aise de lui accorder par les égards qu'il pourrait avoir pour se les attirer.

C'est par où, Monsieur, je finis la lettre que j'ai l'honneur de vous écrire. Permettez-moi de n'y pas oublier les sentiments de reconnaissance que j'ai bien avant dans le cœur des marques de bienveillance dont vous nous avez honorés, mon frère et moi, pendant votre séjour en cette province ; ce sont autant de fidèles garants de l'entier dévouement et du profond respect avec lequel je serai toute ma vie, etc.

(*) Ms. de M. de Bouffier, n° 20. Réponse à la lettre XXXIX.

XLII.

Lettre à M. de Boze, secrétaire perpétuel de l'Académie des Belles-Lettres et Inscriptions (¹).

A Grenoble, le 22 décembre 1729.

Monsieur, j'apprends par M. Lancelot (²) le magnifique présent que vous m'avez fait des deux derniers volumes de l'*Histoire de l'Académie*, que vous venez de donner au public. Rien ne saurait m'être plus sensible que ce qui me vient de votre part. Je partage avec tous les gens qui aiment les lettres la haute estime qui vous est due et que vous méritez à si juste titre par les talents de l'esprit; mais permettez-moi de vous dire que, quoique cette idée fasse sur moi la plus forte impression, je suis encore plus vivement touché des sentiments de générosité et de candeur dont vous semez tous les traits de votre vie dans le commerce que vous avez avec vos amis, et qui vous relèvent si fort par les qualités essentielles du cœur qui sont les plus capables de distinguer les hommes. C'est ce que j'ai eu lieu d'éprouver en vous plus qu'en personne du monde, et dont je n'ai presque point trouvé d'exemple; aussi on ne peut en conserver plus vivement le souvenir : j'en suis pénétré intérieurement. Quel plaisir n'aurais-je point de vous faire connaître tout le pouvoir que vous avez sur moi, et l'attachement respectueux avec lequel je ferai gloire d'être toute ma vie, Monsieur, votre *etc.*

P.-S. — Je joins ici les vœux que je fais pour vous au renouvellement de cette année. M. le chevalier de Marcieu a bien voulu charger la chaise roulante d'une boîte de truffes que j'ai prié de vous remettre; les pluies continuelles qu'il fait en rendent la voiture difficile.

(¹) Ms. de M. de Bouffier, n° 49. — Voir la note 9 de la let. XI.

(²) Antoine Lancelot, né en 1675, était sous-bibliothécaire du collège Mazarin quand Valbonnais l'amena à Grenoble, où il seconda pendant cinq années le président-historien dans ses recherches paléographiques (J. Ollivier, l. c., pp. 321-2, 417); membre des plus laborieux de l'Académie des Inscriptions, il mourut à Paris le 8 nov. 1740. Voir une lettre de lui sous le n° LIX.

XLIII.

Lettre de Mr le cardinal de Fleury à M. de Valbonnais (¹).

De Versailles, du 22 décembre 1729.

Je renvoie, Monsieur, à M. d'Angervilliers la lettre dont vous m'avez honoré du 15 de ce mois, au sujet de ce qui a été réglé sur les représentations de M. le marquis de Sassenage; on a suivi sur cela ce qu'on a trouvé établi par une lettre écrite par feu Mr le garde des sceaux d'Armenonville. Mais, comme je ne puis pas entrer dans ce détail, je verrai avec Mr d'Angervilliers ce qu'il pourra y avoir à faire sur ce que vous me marquez. Je vous honore, Monsieur, très-parfaitement. Le cardinal DE FLEURY.

(¹) Ms. de M. de Bouffier, n° 47. Voir la lettre XLI.

XLIV.

Lettre de Mr d'Angervilliers à M. de Valbonnais (¹).

A Versailles, le 22 décembre 1729.

J'ai rendu compte au roi, en présence de Son Eminence, de la lettre que vous m'avez fait l'honneur de m'écrire, Monsieur, le 15 de ce mois, et du Mémoire qui y était joint, contenant les raisons sur lesquelles Mrs les présidents de la chambre des comptes de Grenoble demandent à ne point être tenus à se servir du terme de Monseigneur dans les lettres qu'ils écriront à Mr le comte de Sassenage et à ses successeurs dans la charge de lieutenant général de la province de Dauphiné. Sa Majesté n'a pas cru devoir rien changer à sa décision: premièrement, parce que la lettre que vous citez de Mr de Merville lui a paru très-décisive, et non simplement invitative, et que d'ailleurs elle a été suivie d'une pleine exécution par celle qui fut écrite ensuite à M. le comte de Sassenage par M. le président de Dolomieu; et secondement, parce que Mrs les présidents de la chambre des comptes se sont fait leur loi eux-mêmes, par le concordat de 1634, sur ce qui concerne leur rang avec Mrs les conseillers du parlement. Au surplus, S. M. pense toujours que les honneurs qu'on rend aux chefs d'une compagnie ne doivent faire aucune peine à ceux qui ont l'honneur d'en être les membres. J'ai l'honneur (d'être) très-parfaitement, Monsieur, votre très-humble et très-obéissant serviteur. D'ANGERVILLIERS.

(¹) Ms. de M. de Bouffier, n° 48. Réponse à la lettre XLI.

XLV.

Lettre de MM. Fabry et Barrillot (¹).

A Genève, ce 24 décembre 1729.

Monsieur, nous vous prions d'assurer Monsieur le président de Valbonnays qu'il nous trouvera en toutes occasions disposés à lui témoigner le parfait attachement que nous avons pour sa personne. Quant aux conditions dont vous nous parlez pour l'impression de son nouvel ouvrage, elles sont faciles à faire en suivant celles du premier que nous avons imprimé, parce qu'il n'y aura qu'à prendre la proportion du nombre des feuilles qu'aura ce dernier avec celles qu'a eues le premier. Comme les figures qui sont entrées en celui-ci étaient un avantage pour nous, s'il n'y en a pas dans le nouveau c'est une chose aussi qui doit nous être compensée à la même proportion. Nous pourrions commencer l'ouvrage au prochain mois de février, mais pour cela il ne faut pas simplement attendre au terme à nous faire savoir si la copie sera en état de nous être envoyée, parce qu'il faut disposer les arrangements de notre imprimerie suivant les ouvrages que nous voulons entreprendre.

Nous sommes toujours avec une parfaite considération, Monsieur, *etc.*

(¹) Ms. de M. de Bouffier, n° 41. Réponse à la lettre XL.

XLVI.

Lettre de M. d'Angervilliers à M. de Bourcheau (¹).

Du 24 décembre 1729.

J'ai reçu, Monsieur, la lettre que vous m'avez fait l'honneur de m'écrire le 16 de ce mois. Je vous rends souhaits pour souhaits, et je désire de tout mon cœur que les fêtes et l'année prochaine vous soient heureuses et à M. votre frère.

La représentation de Mrs les présidents de la chambre des comptes sur le Monseigneur à M. le comte de Sassenage, devait venir aussitôt que la lettre de Mr de Merville : elle n'a pas pris pour cette fois ; en un mot, l'affaire est restée décidée comme elle l'a été dans ma première lettre. Je vous supplie de dire à Mr votre frère que je suis bien fâché d'avoir à lui mander des choses contraires à ce qu'il souhaitait pour ses confrères, mais ce n'est pas ma faute, et encore une fois l'affaire a été décidée.

J'ai l'honneur d'être très-parfaitement, Monsieur, votre très-humble et très-obéissant serviteur. D'Angervilliers.

(1) Ms. de M. de Bouffier, n° 45. Réponse à une lettre écrite par un des neveux de Valbonnais pour le même objet que la let. XLI (voir la note 4 de la lettre XXXIV).

XLVII.

Lettre à Mr le nonce de Lucerne (1).

Du 1er janvier 1730.

Monseigneur, j'ai reçu avec un plaisir sensible la dernière lettre que vous me faites l'honneur de m'écrire. Elle est accompagnée de tout ce qui peut le plus flatter l'esprit et le goût ; surtout les Actes de votre nonciature, d(ont) vous me faites part, sont pour moi d'un prix infini. Il n'y a que deux jours que j'ai reçu ce paquet de Lyon. L'empressement que j'ai eu de me remplir d'un ouvrage qui m'est si cher par la personne dont il me vient m'en a fait parcourir quelques endroits avec rapidité : le style m'en a paru si noble et si relevé, qu'il existe en moi une véritable impatience d'en continuer la lecture. J'en ai déjà lu les premiers discours, qui se soutiennent également par l'ordre, la justesse et la solidité ; on y remarque partout des traits d'éloquence dignes des plus fameux orateurs de l'antiquité. Peut-on n'être pas charmé de la description que vous faites de l'incendie de Lucerne, qui ne peut partir que d'une imagination belle et féconde ! L'excellence du sacerdoce de la nouvelle loi, dont Aaron au milieu de la pompe auguste des cérémonies et l'appareil des sacrifices n'était que la figure, offre à l'esprit les idées les plus nobles ; je mets dans ce rang ce que vous y ajoutez peu après sur la vocation des apôtres, qui devient la merveille de la religion en les faisant triompher des puissances de la terre, eux qui ne connaissaient que les bords de la mer de Tibériade, qui étaient sans science, sans autorité, sans crédit dans le monde. De quelle utilité ne serait point la conséquence que vous en tirez, que personne ne doit s'ingérer du saint ministère sans en avoir la vocation ! C'est à juste titre que vous déplorez combien la pratique y est contraire, qu'on n'embrasse souvent cet état que par des vues humaines, par les sentiments de ses propres besoins, par des intérêts de famille, et qu'il ne doit pas paraître surprenant si l'on voit bien des ecclésiastiques qui ne marquent que trop par leur conduite qu'ils sont mal appelés, et que le prêtre devient souvent comme le peuple. Le discours suivant n'est pas moins pathétique ni moins rempli de force et d'onction que ce dernier. Vous y relevez la gloire et la religion des habitants du pays et de ceux qui leur ont succédé dans ce monastère qui, n'ayant pu être domptés par les armes des Romains, ont embrassé volontairement le joug de Jésus-Christ. Vous leur inspirez le choix d'un abbé d'une manière à devoir gagner leur suffrage, chaste, sobre, humble, compatissant, tel que vous le leur présentez ; ils y trouveront des avantages bien réels : *Tunc replebitur bonis hæc domus Dei, pinguescent speciosa hujus deserti et exultatione isti colles accingentur* (²), c'est-à-dire que l'abondance régnera dans ce monastère, les pâturages seront gras et les habitants de ce désert jouiront des douceurs et des commodités de la vie présente. La parole de Dieu, qui, selon le prophète-roi, doit être pleine de magnificence, est traitée partout avec dignité. L'éloquence qui vous est naturelle donne esprit et vie à tout ce que vous écrivez ; on peut y appliquer avec justice ce que dit Pline le Jeune en parlant du parfait orateur : *Eloquentiam velut umbram non hoc agens trahit.* Permettez-moi d'ajouter ce trait à la fin de tant d'autres qui font l'ornement des discours dont ces mémoires sont remplis : il suffit d'avoir quelque goût pour en être vivement frappé. Je ne m'en tiens pas à la lecture que j'en ai faite ; je n'abandonne pas si aisément un sujet qui m'a fait autant de plaisir. Je termine cette lettre, qui n'est déjà que trop longue, par le remerciement que je vous fais d'un présent qui m'a touché si vivement : nos orateurs français n'ont rien qui réponde à la noblesse et à la dignité de cet ouvrage.

Vous ne devez pas être en peine de ce qu'ont coûté les feuilles du père Lamy que je vous ai envoyées. Je les ai reçues en don des PP. de l'Oratoire, sachant l'usage que j'en voulais faire, bien différents en cela du parti peu honnête qu'a pris le prélat dont je vous ai parlé quelquefois sur son concile d'Embrun.

Vous trouvez ci-jointe la lettre que j'écris sous vos auspices à Mgr Fontanini ; sa destinée doit être heureuse, puisque c'est l'ouvrage de vos mains. Soyez persuadé, je vous prie, de la reconnaissance que je conserve de tant de procédés obligeants, qui m'attachent à Votre Excellence par une fidélité inviolable et par un respect sans bornes, avec lequel je suis, Monseigneur, de Votre Excellence *etc.*

(¹) Ms. de M. de Boufier, n° 42. Réponse à la lettre XXXVIII.
(²) *Psal.* LXIV, 5 et 13.

XLVIII.

Lettre de Monsieur à Mgr Fontanini, archevêque d'Ancyre, à Rome (¹).

A Grenoble, le 1er janvier 1720.

Monseigneur, quelle obligation n'ai-je point à Mgr Passionnei, qui m'a mis à portée de faire aller jusqu'à vous les sentiments de vénération dont je suis rempli pour votre personne. Il a fait naître l'occasion que je cherchais de vous rendre l'hommage que tous ceux qui aiment les lettres doivent à votre érudition. J'ai lieu de craindre, ayant autant de discernement, que vous ne reconnaissiez bientôt la main délicate et officieuse qui a embelli le portrait et qui a jeté des fleurs sur le présent qu'elle vous offrait. Elle a appelé à mon secours quelques faibles ouvrages que j'ai été assez hardi pour donner au public; mais, malgré tous ces soins, le fond sera toujours bien stérile et peu digne de vous. Que n'ai-je eu plutôt le moyen de le cultiver par les riches productions qui sortent de vos mains! Quelle connaissance de l'antiquité ne remarque-t-on point dans les savantes notes dont est rempli le *Discus argenteus* dont vous m'avez fait part! Quelle profonde littérature dans tout ce que vous y avez fait entrer d'historique et de curieux, et que ne vous doit point le public de toutes les découvertes qui rendent ce travail aussi précieux! J'ai une impatience extrême de puiser dans une source si abondante. Quel intérêt n'aurai-je point de vous engager dans un commerce qui me met en état de profiter de tant de lumières! C'est une grâce que je ne puis attendre que des dispositions favorables qui vous ont prévenu sur mon compte ou, pour mieux dire, qui vous ont été inspirées par un prélat également distingué par sa vertu et par son mérite. Ce n'est pas sans raison que vous avez fait l'éloge de sa sagacité dans tout ce qui regarde l'empire des lettres, dont il possède parfaitement ce qu'il y a de plus rare et de plus propre à piquer la curiosité des gens de lettres; je dirais bien davantage de sa capacité dans les affaires publiques et de son profond savoir sur tout ce qui a quelque rapport aux intérêts de l'Eglise et de la religion: il vient d'en donner un essai dans ce qu'il a produit en dernier lieu pour illustrer ce qui s'est passé dans sa nonciature. Je n'ai pu m'empêcher d'ajouter ce trait à l'idée que vous en avez donnée dans votre savante dissertation, qui ne peut manquer de rendre célèbres dans tous les siècles ceux que vous marquez à un si bon coin et que vous jugez à si juste titre dignes de passer à la postérité. La reconnaissance que je conserverai de la faveur qu'il me fait aujourd'hui sera égale au prix du bienfait que j'aurai toujours devant les yeux. Je le cultiverai par tout ce qui pourra dépendre de moi pour mériter l'honneur de votre bienveillance, et vous convaincre de la plus haute estime et du profond respect avec lequel je ferai gloire d'être toute ma vie, Monseigneur, votre très-humble et très-obéissant serviteur.

([1]) Ms. de M. de Bouffier, n° 43. Voir la note 5 de la lettre XXVII.

XLIX.

Lettre de M. de Boze, secrétaire perpétuel de l'Académie des Belles-Lettres, à M. de Valbonnais ([1]).

A Paris, le 1er janvier 1730.

Monsieur, en remettant pour vous à Mr Lancelot les deux derniers volumes de l'*Histoire de l'Académie*, j'ai bien moins prétendu vous faire un présent qu'acquitter le plus agréable tribut de mon estime et de mon respect, et, si vous voulez bien les recevoir particulièrement à ce titre-là, vous épuiserez ma reconnaissance par ce nouveau bienfait. Les politesses et les bontés dont vous ne cessez de m'accabler, Monsieur, pourraient assurément tomber sur un plus digne sujet; ma seule consolation est de les mériter du moins par le plus tendre et le plus respectueux dévouement avec lequel on puisse être, Monsieur, votre très-humble et très-obéissant serviteur.

([1]) Ms. de M. de Bouffier, n° 44. Réponse à la lettre XLII.

L.

Lettre de M. le duc d'Antin ([1]).

A Paris, le 5 janvier 1730.

J'ai reçu, Monsieur, la lettre que vous avez pris la peine de m'écrire, du 29 décembre. Je vous rends mille grâces du renouvellement de vos souhaits à ce commencement d'année; ce sont des marques de votre souvenir auquel je suis très-sensible et dont je voudrais être à portée de vous prouver ma reconnaissance, étant plus que personne du monde, Monsieur, votre très-humble et très-obéissant serviteur.

Le duc d'Antin.

([1]) Ms. de M. de Bouffier, n° 49. — Voir la note 6 de la let. XI.

LI.

Lettre de M. d'Angervilliers à M. de Valbonnais (¹).

De Versailles, du 8 janvier 1730.

Je ne puis, Monsieur, vous témoigner assez de sensibilité et de reconnaissance des bontés que vous me marquez à l'occasion de la nouvelle année. Je vous supplie de croire que personne ne s'intéresse plus que moi au parfait accomplissement de vos souhaits; je n'ai rien à désirer si vous me continuez votre bienveillance, qui me sera toujours infiniment précieuse. J'ai l'honneur d'être très-parfaitement, Monsieur, votre très-humble et très-obéissant serviteur. D'ANGERVILLIERS.

(¹) Ms. de M. de Bouffier, n° 51.

LII.

Lettre de M. le Chancelier à M. de Valbonnais (¹).

De Versailles, 11 janvier 1730.

Monsieur, je suis toujours également sensible aux vœux que vous renouvelez tous les ans en ma faveur; les miens ne seront jamais plus heureusement accomplis que quand je pourrai trouver les occasions de seconder votre zèle pour la règle, pour la discipline, pour la dignité de votre compagnie, et de donner au chef comme à tout le corps des marques de l'estime et de la considération avec laquelle je suis, Monsieur, votre très-affectionné serviteur.

(¹) Ms. de M. de Bouffier, n° 50. — Voir la note 1 de la let. II.

LIII.

Lettre de M. le duc d'Orléans (¹).

A Versailles, le 12 janvier 1730.

Monsieur, vous connaissez mes sentiments pour vous et vous devez être persuadé qu'ils donnent du prix aux souhaits obligeants que vous faites pour ma prospérité. Je ne doute pas que vous ne vous y intéressiez sincèrement. Soyez aussi persuadé, je vous prie, que le temps ne peut rien sur l'estime que j'ai pour vous et que je vous en renouvelle avec plaisir les assurances. Je suis, Monsieur, votre très-affectionné à vous faire service.

(¹) Ms. de M. de Bouffier, n° 53. — Voir la note 2 de la let. III.

LIV.

Lettre de M. de Valbonnays à M. l'abbé Bignon (¹).

Le 15 janvier 1720.

Monsieur, je n'ai point oublié la faveur que vous me fîtes, il y a quelques années, de me procurer le privilége dont j'avais besoin pour l'impression des *Mémoires de Dauphiné* (²), que je donnai alors au public. La manière obligeante dont vous disposâtes Mʳ le Chancelier, votre oncle (³), à m'accorder la grâce que je lui demandais m'est restée bien avant dans l'esprit; permettez-moi de m'en faire un titre auprès de vous pour en oser espérer une semblable dans l'occasion qui se présente. C'est ce qui me donne lieu de rappeler ici l'usage avantageux que j'en ai fait depuis ce temps-là auprès de Mʳ d'Argenson, le garde des sceaux (⁴), pour l'engager sur cet exemple à m'accorder la même faveur pour l'*Histoire de Dauphiné*, qui a eu le bonheur, par votre entremise, d'être placée dans la bibliothèque du roi. Ce fut le motif que j'employai alors pour rendre ce magistrat susceptible des mêmes bontés que vous aviez inspirées à Mʳ votre oncle. Je lui représentai que Mʳ de Pontchartrain avait reçu avec des témoignages d'approbation les *Mémoires pour servir à l'histoire de Dauphiné*, où rien n'était avancé que sur la foi des titres, que cet illustre chancelier avait été persuadé que ce recueil d'actes mis dans un ordre historique pourrait être de quelque utilité, en ce qu'il servait à appuyer divers établissements qui intéressaient le roi et le public, et que d'ailleurs on en pourrait tirer des lumières pour l'histoire générale du royaume; à quoi j'ajoutais qu'il avait bien voulu me donner une marque du jugement favorable qu'il avait fait de mon ouvrage, en m'exhortant, par une lettre qu'il me fit l'honneur de m'écrire, à reprendre ces *Mémoires* de plus haut et à embrasser l'histoire entière des Dauphins. La réponse que je reçus de Mr d'Argenson était à peu près comme en ces termes ; qu'il apprenait avec plaisir que j'avais terminé un ouvrage aussi utile à la couronne et à la nation, qu'il ne cédait à aucun de ceux qui l'avaient devancé, sur la juste estime que méritait un magistrat aussi zélé pour les véritables intérêts du roi et dont les délassements étaient des recherches pénibles, etc., et plusieurs autres choses dans ce style dont la lettre était remplie, qu'au surplus il contribuerait à tout ce qui pourrait faciliter l'édition de cet ouvrage. Il voulut pour cela commettre à M. son fils aîné le soin de recevoir le manuscrit que je lui envoyai et de le remettre immédiatement à Mr l'abbé de Vertot, qui en fut l'examinateur; à quoi Mr d'Argenson le fils employa toute la diligence et l'exactitude possible, se chargeant de me renvoyer lui-même le manuscrit sous l'enveloppe de Mr son père, ce qu'il remplit avec une [illegible] et une politesse infinie. L'honneur que j'ai aujourd'hui [illegible]cuper une place dans une académie célèbre, où vous tenez, Monsieur, à si juste titre, un rang si distingué, me fait regarder comme un devoir principal celui de faire passer par vos mains la continuation de l'histoire de cette province que j'ai renfermée dans un troisième volume, qui contiendra les deux premières races de nos Dauphins. Je n'oserais me flatter d'obtenir aujourd'hui de Mr le garde des sceaux les mêmes faveurs pour cette dernière partie de mon *Histoire :* ce n'est que par une entremise aussi puissante que la vôtre et aussi honorable à celui pour qui vous voulez bien l'employer que j'espère de trouver auprès de ce magistrat les mêmes dispositions dont M. d'Argenson s'est laissé prévenir en ma faveur. L'académicien qui a formé sous vos yeux l'extrait de mon dernier ouvrage n'a pas peu contribué, par l'invitation qu'il m'a faite et les préjugés avantageux qu'il a bien voulu m'en donner, à m'engager à mettre la dernière main à ce projet ; ce qui me rappelle l'obligation que je vous ai d'avoir donné à mon ouvrage une parure si propre à le relever dans le public. Je prends la liberté de joindre ici le plan en raccourci de mon nouveau travail, espérant que vous voudrez bien y jeter les yeux et me faire connaître ce qu'il pourrait y avoir de défectueux.

Je suis trop rempli des souhaits que je fais pour une vie si précieuse aux gens de lettres et à laquelle je m'intéresse si particulièrement, pour ne les pas renouveler au commencement de cette année et ne vous pas demander en même temps la continuation de votre bienveillance, que vous ne sauriez accorder à personne qui soit avec un plus inviolable attachement et un plus profond respect, Monsieur, *etc.*

(1) Ms. de M. de Bouffier, n° 52. — Voir la note 3 de la let. XI.

(2) Le privilége des *Mémoires pour servir à l'histoire de Dauphiné sous les Dauphins de la maison de La Tour-du-Pin* (1711) est du 21 avril 1709 ; l'approbation est signée « De Chaunac. »

(3) Louis Phelypeaux, comte de Pontchartrain, chancelier du 5 sept. 1699 au 2 juil. 1714 qu'il se retira « ut uni necessario tutius vacaret, » dit Ducange.

(4) Marc-René le Voyer d'Argenson eut les sceaux de janvier 1718 au 8 juin 1720 ; il commit pour l'examen de l'*Histoire de Dauphiné et des princes qui ont porté le nom de Dauphins* (1721-2) l'abbé L. de Vertot, dont l'approbation est du 6 nov. 1719. Son fils, René-Louis, mentionné plus bas, était né en 1694.

LV.

Lettre de M. l'abbé Bignon (1).

Du 22 janvier 1720.

La lettre, Monsieur, que vous m'avez fait la grâce de m'écrire, le 15 de ce mois, m'a fait d'autant plus de plaisir que j'étais en peine de votre santé et que j'avais même fait des reproches à Mr votre neveu de ce qu'il ne m'en mandait aucune nouvelle, en me faisant le compliment le plus gracieux à l'occasion de la nouvelle année. Je vois avec un plaisir infini que vous conservez, non-seulement cette santé parfaite qui n'est pas ordinaire quand on n'est plus jeune, mais que vous avez encore la même force de génie, la même facilité pour le travail et la même ardeur pour enrichir le public de vos lumières.

Ce que vous m'avez fait la grâce de m'écrire sur le projet de votre dernier ouvrage m'en donne l'idée la plus avantageuse, et d'autant plus qu'on y retrouve ces savantes et belles notions dignes d'un grand magistrat et zélé pour la gloire de sa patrie, pour les droits du roi et pour l'exacte vérité des faits. Rien ne serait plus juste et en même temps plus facile que de vous en avoir le privilége, comme vous en avez eu jusqu'ici. Mais, dès que votre intention est de faire imprimer à Genève, permettez-moi de vous dire qu'il est inutile et même impossible, puisque la formule de ce privilége porterait défense d'imprimer en pays étrangers; ainsi vous ferez mieux de donner votre manuscrit le plus tôt qu'il sera possible à votre imprimeur de Genève. Quand il en aura achevé l'impression à cinq ou six feuilles près, faites-m'en remettre un exemplaire de ce qu'il y aura d'imprimé et daignez me l'adresser par vos voitures ordinaires ou même par la diligence de Lyon. Je le ferai remettre, non à Mr l'abbé de Vertot qui malheureusement n'est plus en état de travailler, mais à quelque autre examinateur de Mr le garde des sceaux des plus expéditifs qui, sans doute, se fera plaisir et honneur d'y donner son approbation et ses éloges, et vous aurez la bonté de m'adresser les dernières feuilles simplement par la poste: au moyen de quoi il n'y aura pas un moment de perdu pour vous accorder la permission de faire entrer et débiter dans le royaume tel nombre d'exemplaires qu'il vous plaira. Si vous trouvez cette réponse conforme à vos vues, j'en serai charmé aussi bien que de trouver de plus importantes occasions de vous marquer avec quelle estime, quel attachement et quel respect je suis, Monsieur, votre très-humble et très-obéissant serviteur. L'abbé BIGNON.

(1) Ms. de M. de Bouffier, n° 55. Réponse à la lettre précédente.

LVI.

Lettre à M. d'Angervilliers, ministre et secrétaire d'État (1).

Du 29 janvier 1730.

Monsieur, les marques de bonté dont vous nous comblez, mon frère et moi, en toutes rencontres me donnent une confiance que je vous prie de ne pas désapprouver. J'ose vous envoyer quatre perdrix de mes terres, dont le bec et les pieds ne promettent rien de médiocre sur la table où elles paraîtront; ce sera un fort grand honneur pour toute la race si elles peuvent tenir leur rang parmi les autres pièces dont elles y seront accompagnées. Cette nouvelle grâce augmentera de plus en plus la reconnaissance que je conserve de l'excès de vos politesses, auxquelles je ne puis répondre que par le dévouement le plus sincère et le respect le plus profond avec lequel on puisse être, Monsieur, votre très-humble etc.

(¹) Ms. de M. de Boufler, n° 54.

LVII.

Réponse à la lettre ci-dessus (¹).

5 février 1730.

Comment vous exprimer, Monsieur, les remerciments que je vous dois des sentiments obligeants dont votre lettre est remplie! Elle est accompagnée de tout ce que je pouvais désirer de plus avantageux et de plus convenable sur ce que j'ai eu l'honneur de vous proposer. Permettez-moi d'user de vos bontés dans toute leur étendue, avec les circonstances que vous y ajoutez: l'exécution n'en peut être que facile dès qu'elle est soutenue des soins et de l'attention que vous y voulez apporter. Mais, si je l'ose dire, quelle politesse ne répandez-vous point sur les grâces que vous faites! J'en suis pénétré et j'en conserve la reconnaissance la plus vive. C'est de quoi je vous prie d'être persuadé, ainsi que de l'entier dévouement et de l'attachement le plus respectueux avec lequel on puisse être, *etc.*

P.-S. — J'aurais grand intérêt d'avoir Mr Lancelot pour examinateur, à la place de Mr de Vertot. Il est d'un corps dans lequel on m'a fait la grâce de m'associer; il connaît d'ailleurs le pays, il est au fait de la plupart des choses qui sont rapportées dans mon *Histoire*. Mais je ne sais si je puis sans indiscrétion le proposer à M. le garde des sceaux.

(¹) Ms. de M. de Boufler, n° 56. Réponse à la lettre LV.

LVIII.

Réponse à M. Moreau de Mautour (¹).

Le 5 février 1730.

Rien ne pouvait me faire plus de plaisir, Monsieur, que la lettre obligeante que je viens de recevoir de votre part. L'application que vous avez aux belles-lettres et à tous les autres exercices de l'Académie, que vous cultivez avec tant de succès, me faisait craindre que ce ne fût faire tort au public de vous détourner de vos occupations, sans avoir rien d'essentiel qui méritât de les interrompre. Il s'est présenté quelquefois des sujets dont j'aurais fort souhaité de vous faire part pour profiter de vos lumières, mais le dessein que j'ai fait de remplir ce qu'il peut y avoir d'imparfait dans mon *Histoire de Dauphiné* a emporté tout le temps que mon âge et les affaires de ma maison et de ma charge me laissent de libre. Mr Burette, l'un de nos confrères, qui a donné dans les derniers *Journaux des Savants* un extrait si juste et si méthodique de mon livre, m'a fait remarquer que la vie de quelques princes qui ont précédé ceux dont j'ai écrit l'histoire n'était pas indigne d'être mise dans le même rang, que c'est manquer à une espèce d'engagement envers le public que de ne pas satisfaire l'envie qu'il peut avoir de connaître ceux qui ont commencé l'édifice qu'on a dessein de former. Je n'ai pu me défendre d'un reproche qui m'a paru si plausible, j'ai cru que, pour ajouter la dernière main à un ouvrage qu'on voulait rendre complet, il fallait le remplir dans toutes ses parties et ne pas laisser en arrière ce qui pourrait paraître défectueux. Ce n'est pas le roi Boson, comme on vous l'a dit, qui donne lieu au supplément que j'ai eu dessein d'ajouter à mon *Histoire*: il n'y entre que de côté et n'y fait pas un objet fort intéressant; plusieurs princes venus après lui auront part avec plus de fondement à cette addition. La quantité de monuments et de titres que je ramasse depuis longtemps pour l'intelligence de notre histoire m'a déterminé d'en faire quelque usage pour bien des gens à qui les recherches que j'ai faites pourront n'être pas inutiles, et qui seront beaucoup plus en état que moi de les mettre à profit pour l'utilité de l'histoire. C'est un compte que je suis bien aise de vous rendre pour redresser l'idée qu'on vous a voulu donner sur le nouveau travail que j'ai entrepris; je ne manquerai pas d'en faire part à M[rs] de notre Académie pour être éclairé de leurs lumières.

Je fus fort fâché d'avoir manqué M[r] votre fils le chevalier, lorsqu'il passa en cette ville. Je ne sus que le lendemain l'honneur qu'il m'avait fait; je m'informai du logis où il était descendu: je n'y fus pas à temps, il était déjà parti pour suivre sa route. J'eus beaucoup de regret de n'avoir pu faire mes honneurs à une personne qui vous appartient d'aussi près.

Ce sera une découverte heureuse que celle du monument de Saint-Remi; j'ai un véritable empressement d'en apprendre des nouvelles, et je recevrai comme une marque de vos bontés la part que vous voudrez bien m'en faire. Ce sera un gage de votre amitié, qui me fera un plaisir sensible, étant avec une estime particulière et un très-sincère attachement, M[r], votre *etc.*

« Discours préliminaire sur les révolutions arrivées dans » la monarchie Françoise sous les descendants de Charle» magne, pour servir d'introductijon aux Actes et Monu» ments historiques touchant les Dauphins des deux pre» mières races, disposés selon l'ordre des temps, par forme » de supplément à la dernière édition de l'*Histoire de* » *Dauphiné.* »

(¹) Ms. de M. de Bouffier, n° 57. — Philibert-Bernard Moreau de Mautour, 1654-7 sept. 1737, poëte et auteur de Dissertations insérées dans les *Mémoires* de l'Académie des Inscriptions et Belles-Lettres, dont il faisait partie.

LIX.

Lettre de M. Lancelot (¹).

Sans date.

J'eus l'honneur de vous écrire, Monsieur, il y a huit jours, et je vous rendis compte de ce que j'avais fait et imaginé pour faciliter le privilége et l'impression du nouveau volume de l'*Histoire de Dauphiné*, suivant les intentions de

M[r] le p(remier) président. Je crois avoir quelque chose de plus court et de plus convenable à vous proposer. Mr de Boze, ayant reçu le paquet que mondit S[r] le premier président lui a adressé et ne pouvant venir à l'Académie à cause d'un froissement de nerf qu'il s'est fait à la jambe et qui le retient, soit dans le lit, soit dans sa chambre, depuis plus d'un mois et demi, me chargea hier de faire lecture du projet de M[r] le premier président à la Compagnie. Vous dire, Monsieur, qu'elle en fut charmée, que chacun en particulier témoigna un véritable empressement de voir un aussi beau dessein rempli, que tout le monde y applaudit et plusieurs autres choses semblables, il n'y a rien que de vrai et de mérité en cela. Suivant les usages établis dans la Compagnie, il fut nommé deux académiciens pour qu'après que l'ouvrage aura été lu par eux le sceau de la compagnie y soit ajouté, c'est-à-dire une approbation donnée au nom de l'Académie: c'est ainsi qu'on en use avec les ouvrages que la Compagnie veut adopter, et je suis persuadé que M[r] le premier président voudra bien prendre en bonne part cet empressement à l'égard du sien ; ces deux académiciens nommés sont Mr de Boze et moi, votre très-chétif serviteur. Cet arrangement ainsi pris, M[r] le premier président aura la bonté d'envoyer à mondit Sr de Boze ses paquets : il a sa franchise de port de lettres et s'en sert précisément pour pareille chose, en plusieurs autres occasions qui lui font moins de plaisir que celle-ci ; pour le renvoi des paquets à Grenoble, ce sera sous la contre-signature de M[r] le duc d'Antin : ainsi nul embarras pour la communication des paquets, leur examen et le renvoi. Cela étant, rien de plus facile pour l'arrangement avec M[r] le garde des sceaux : M[r] le premier président n'aura qu'à lui écrire que l'Académie des Belles-Lettres s'étant fait l'honneur d'adopter son ouvrage comme partant de la plume d'un de ses académiciens qui lui fait beaucoup d'honneur, et ayant nommé deux de ses membres pour lui en faire leur rapport et sur icelui y donner son approbation, il le prie de vouloir bien renvoyer son ouvrage aux deux mêmes académiciens, qui ont tous deux l'honneur d'être censeurs royaux, pour que sur leur examen particulier en qualité de censeurs il puisse obtenir un privilége, comme il en a obtenu un sur l'approbation de Mr l'abbé de Vertot pour la partie de son *Histoire* déjà imprimée, que par ce moyen il évitera de passer par plusieurs mains différentes, qui apporteraient beaucoup de longueur et peut-être de l'embarras. Je suis persuadé que cette grâce, très-petite en elle-même, lui sera facilement accordée : par là tout est dans l'ordre et toute difficulté est levée. C'est de quoi je convins, hier au soir, avec Mr de Boze, qui n'écrira peut-être pas par cet ordinaire à Mr le premier président pour le remercier de toutes ses politesses. Je me suis chargé de commencer, tant pour lui que pour moi ; le temps de la poste me presse. Mes matinées, comme vous savez, Monsieur, sont souvent dérangées par les personnes qui viennent me voir à cette heure-là, parce qu'elles savent qu'il n'est pas sûr de me trouver le reste de la journée, et on ne veut point risquer de monter à mon grenier inutilement : *la peine passe le plaisir*. Ainsi je n'aurai point l'honneur de lui écrire directement, pour lui témoigner combien je suis sensible à toutes ses bontés, pour l'assurer de mon très-respectueux attachement et pour le prier de compter sur mon dévouement pour lui tant que je serai en état de penser, de parler, de sentir et d'agir ; acquittez-moi, Monsieur, s'il vous plait, de ce devoir : il acquerra un nouveau mérite en passant par vous. Mr Secousse, mon confrère ci-présent, me charge de vous présenter ses respects sincères : il se flatte que vous les recevrez avec amitié. Il reçut hier un paquet de pièces qu'il avait demandées à votre chambre des comptes : il me charge de vous supplier de permettre qu'il s'adresse à Mr le premier président et à vous pour les éclaircissements dont il pourra avoir besoin dans les titres et les usages qui concernent votre province. Respects, honneurs, etc., s'il vous plait, à toute votre chère famille, Mmes Bally, oncles, frères, etc. Je suis et serai toute ma vie, Monsieur, avec tout le respect et la sincérité qui peuvent exister dans un mortel, votre très-humble et très-obéissant serviteur.

LANCELOT.

(*) Ms. de M. de Rouffier, nº 58. — Voir la note 1 de la lettre XLII. Cette lettre parait adressée au neveu de Valbonnais, J.-F. de Bally (note 7 de la lettre I).

LX.

Lettre de M. le nonce de Lucerne (¹).

Altorf, le 13 février 1730.

Monsieur, c'est toujours avec une joie et une satisfaction infinies que je reçois de vos nouvelles; car, si je puis me flatter d'être heureux en ce que mes amis se souviennent de moi, vous êtes celui d'entre eux qui contribuez le plus à ce bonheur, puisque je vous regarde comme un des meilleurs, des plus sincères et des plus distingués parmi eux. Votre dernière, Monsieur, en date du 1er janvier, m'est aussi sensible qu'elle le peut être. Il serait à souhaiter que les actes de ma nonciature, qui vous ont donné occasion d'étaler cette éloquence qui vous est si naturelle, répondissent à la noblesse de vos expressions et à la beauté de votre éloge. Y a-t-il rien qui soit plus capable de me toucher que le jugement favorable d'une personne qui s'est acquis tant de réputation dans la république des lettres et dont le goût passe pour être si exquis? J'appréhende toutefois que votre politesse ordinaire et votre indulgence à mon égard ne vous aient empêché d'exercer cette rigide critique que je souhaite de mes amis, qui ne peuvent me donner des marques plus convaincantes de leur attachement qu'en relevant mes fautes avec la dernière exactitude; en effet, je serais encore en état de mettre des cartons à mon recueil si vous m'y faisiez remarquer quelque défaut, puisque je ne les ai point encore rendus publics.

Je suis fort touché, Monsieur, du présent que vous me faites des feuilles du P. Lamy. Vous multipliez par cette libéralité les obligations que je vous ai; je voudrais qu'il se présentât quelque rencontre où je pusse vous rendre le réciproque et vous faire sentir ma plus vive reconnaissance. J'ai déjà envoyé votre lettre à l'illustre Mgr Fontanini. Il n'aura pas moins de plaisir à la recevoir que moi à la lui envoyer, car il est si prévenu en faveur de votre grand mérite, que rien ne lui peut être plus agréable que de recevoir de vos nouvelles : nous sommes l'un et l'autre dans ces sentiments à votre égard.

Je ne reçois aucune nouvelle de Mr Eccard depuis plus d'un an. Je lui ai envoyé il y a déjà six mois votre lettre : je m'imagine qu'il est tout occupé de son Histoire de Franconie ; je ne tarderai guère de retourner à la charge et de lui demander de ses nouvelles. Comme vous ne me fournissez point d'occasion de vous donner des marques de mon attention, pour satisfaire en quelque sorte à l'empressement que j'ai sur ce sujet, je vous envoie quelques inscriptions romaines, sachant que vous êtes un des plus capables de les expliquer. Comptez que je suis et serai toute ma vie tout à vous, avec toute la vivacité de mon cœur.

Signé : D., ARCHEVÊQUE D'ÉPHÈSE.

Mr Fontanini a envoyé ces mêmes inscriptions à notre ami Mr le président Bouhier ; M. l'abbé Tricand vous fera tenir une estampe d'un ancien théâtre que mon frère a fait graver.

(¹) Ms. de M. de Bouffier, n° 50. Réponse à la lettre XLVII.

LXI.

Lettre de Mr Fontanini à Valbonnais (¹).

Amplissimo præsidi Valbonnæsio Gratianopolim.

Justus Fontaninus, archiepiscopus Ancyranus, S. P. D.

Litteras tuas, vir amplissime, humanitatis et summæ erga me benevolentiæ plenas, quas die 1a januarii currentis anni ad me dedisti, nuper accepi ab illustrissimo et reverendissimo nostro archiepiscopo Ephesino, mihique maximo honori verto meum nomen tanto viro innotuisse, ut me suavissimis æque ac honorificentissimis litteris suis dignaretur, quem ego jam dudum inter præcipua reipublicæ litterariæ ornamenta suspicio. Contrectavi enim egregios Commentarios tuos ad historiam Delphinatus ipsamque etiam perinsignem Historiam, licet ad iisdem illustre nomen tuum abesse volueris : sed cujus ingenii fœtus essent, oculatis viris facile se prodiderunt. Laudes, quas in immerentem larga manu congeris, tibi uni, vir doctissime, deberi omnes consentiunt ; debentur vero etiam præstantissimo nostrique amantissimo archiepiscopo Passioneo quæ de illo prædicas, atque hoc idem nemo magis quam ego agnoscit: quippe quem a triginta annis optime agnosco et in oculis fero. Quandoquidem porro in tuorum censum me ultro recipere non gravaris, fac, quæso te, ut in Urbe inque Italia pro tuo arbitratu mea opera utaris: nihil enim jucundius mihi unquam accidere poterit quam imperio tuo in quibuscumque rebus obsecundare. Vale, vir illustrissime, meque tibi addictissimum amare perge.

Datam Romæ, die 15 februarii 1730.

Et au dos est écrit: « Amplissimo et doctissimo d^no^ præsidi Valbonnæsio Gratianopolim.

(¹) Ms. de M. de Bouffier, n° 61. — Réponse à la let. XLVIII.

LXII.

Lettre de Mgr le nonce de Lucerne (¹).

Altorf, le 6 mars 1730.

Monsieur, je viens de recevoir une lettre de Mr Fontanini à votre adresse. Mon attention pour tout ce qui vous regarde me porte à vous l'envoyer sur-le-champ, quoique la poste devant bientôt partir je me trouve fort pressé. Il serait inutile de vous donner avis de la mort du Saint-Père, décédé le 21 février: vous l'aurez apprise avant la réception de la présente, que je n'ai pas cru devoir vous faire tenir par la voie ordinaire de Mr Tricaud, crainte d'un trop grand retard. Je n'ai que le temps de vous renouveler mes plus tendres sentiments d'amitié, et de vous assurer que je ne laisserai jamais échapper l'occasion de vous témoigner que je suis tout à vous du meilleur de mon cœur.

Signé: D., ARCHEVÊQUE D'ÉPHÈSE.

Nous aurons un conclave bien embarrassé, à ce que je puis prévoir dans l'éloignement où je suis (²); les favoris du pape défunt ont étrangement abusé de son innocence.

(¹) Ms. de M. de Bouffier, n° 60.
(²) Le conclave dura 4 mois, et Clément XII fut élu le 20 juillet.

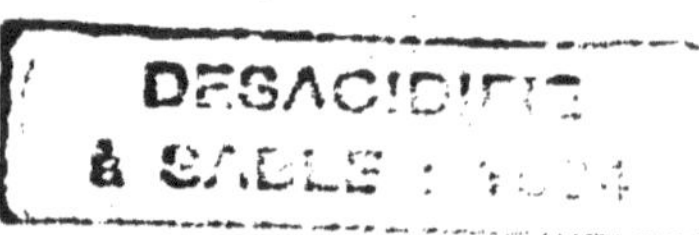

www.ingramcontent.com/pod-product-compliance
Lightning Source LLC
LaVergne TN
LVHW020425230826
846091LV00004B/1411

* 9 7 8 2 0 1 3 4 5 3 7 4 5 *